イメージで捉える感覚英文法

認知文法を参照した英語学習法

開拓社
言語・文化選書
20

イメージで捉える感覚英文法

認知文法を参照した英語学習法

今井隆夫 著

開拓社

はじめに

　本書は，筆者が，約10年間に渡り，「感覚の英文法」と称し，大学生または社会人に提供している授業内容およびコミュニケーションを中心とする専門および一般英語科目の中で English Grammar for Communication というコーナーを設けて実施している内容が前提となっています。感覚の英文法というのは，筆者が付けた名称ですが，その意味は，従来の学校英文法とは違い，英語をネイティブスピーカーが持っている英語感覚に近い方法で理解することで，英語をよりダイナミックに捉えられるようになるための支援をすることを目指すものです。それは，認知言語学の言語観と相性がよい文法であり，実際の英語教育の現場における指導法や Good Language Learners（外国語学習に成功している学習者）と呼ばれる人々が，経験的に実践していることの中にも感覚英文法と整合性がよいことは多くみられます。つまり，普通の感覚を持つ人であれば，すんなりと腑に落ちる文法説明であり，感覚英文法的な文法説明を英語のネイティブスピーカーに確認を取ると賛同いただけるものがほとんどであるということも特徴です。また，最初にルールありきといった演繹的な方法でなく，初めに具体的な英語表現ありきを重視し，つねに，実際のコミュニケーションで使われる表現であるかどうかを重視しています。この点も，スキーマ（規則性）は具体事例に根差した形で立ちあがるという認知言語学の考え方と整合性が保てます。本書では原則として，母語話者に確認を取った内容を記載していますが，母語話者によって言語感覚には違いがあり，同じ母語話者でも提示される文脈によって，容認度に差が出るということを

v

考えれば，今後より多くの母語話者に確認を取ってさらに研究を進める必要のある部分も含まれています。それらは筆者自身の今後の課題であるとともに，英語教育学を専攻する大学生や大学院生の方々には，本書を糸口に研究を進めていただければ幸いです。

では，ネイティブスピーカーの英語感覚とはどのようなものか？ということが問題となりますが，それは意識と無意識の間にある潜在的な知識 (subconscious knowledge) で，言葉では，説明できない文法知識なのです。換言すれば，ある表現を読んだり聞いたりする場合に，その表現が自然か不自然かはわかるが，なぜかという説明を求められても必ずしも的確な説明ができない知識なのです。これが，ネイティブスピーカーの文法知識だとすれば，そんなものどうやって学習するのか？という質問が出てきそうですが，「感覚の英文法」は英語の母語話者が潜在的に持っていると思われる知識を意識的に学習しようという試みです。

英語教育における教育・学習英文法では，英語習得を支援するかどうかが第一に優先される事項です。それ故，すべての言語現象を分類・網羅的に記述することで煩雑になることや，すべての事例を説明できるルールかどうかを優先して抽象度が不適切となり，わかりにくくなることは避け，コアとなる概念（基本イメージ）がよりわかりやすく理解できることが優先されるべきであると考えます。「分ける」は「分かる」と言われるように，人は分けることで世の中の事態を理解しますが，分けるとは適度な数のグループ分けを意味するのであり，分け過ぎると結局は分けないのと同じでわからなくなってしまいます。

本書では，このような理念に立ち，すべての言語現象を説明しきれていないような文法ルールを提示する場面もありますが，それが教育・学習英文法の性質であるとご理解いただきたいと同時

に，そのような，すべての言語現象を説明しきれていない文法も，ラネカーという認知言語学者の動的用法基盤モデルの考え方を参照すれば，スキーマが立ち上がるための前提となる具体的事例が少ない段階のスキーマと考えれば，整合性があると理解いただければと思います。ちなみに，ラネカーは，すべての事例を統括する抽象度の高いスキーマよりも，一部の事例から立ち上がったローカルなスキーマのほうが言語使用の際に多く用いられるという意味で重要であると言及しています。

本書では，「感覚の英文法」の授業で扱う文法項目すべては網羅してはいませんが，英語学習に対する意識変革から始め，英語と日本語での事態に対する捉え方の違いから生ずる言語表現の違い，名詞の文法，動詞の文法，英語の基本構造などのテーマについて，認知文法の考え方を参照した新しい教育英文法の一つの形を提示しました。さらには，これから英語を教える立場に立つ読者のために，実際に授業で説明する内容に加え，やや専門的な内容を易しく噛み砕いて記述した部分も含まれています。本書が読者の方々の英語コミュニケーション能力向上のきっかけとなれば幸いです。

なお，本書は，これまでの英語学習では何かすっきりしないと感じている大学生および社会人，英語を教える立場になることを目指す英語科教育法受講生，認知文法を参照した英語教育を考えてみたいと思っている大学生や英語指導者の方々などを対象としました。

また，例文に試訳が付けられていますが，訳は十人十色，英語を英語のまま，そのメッセージを理解することが重要ですので，あくまで，必要に応じて参考までに利用していただければと思います。

本書は，筆者が研究活動と教育活動をつねにリンクして行って

きた 2010 年現在の記録であり，授業や研究会の場での化学反応があってこそ，完成することができました。この 10 年間のどこかで，筆者の授業を受講し，多くの賛同，コメントや質問を投げかけてくれた大学生（愛知県立大学外国語学部［原書講読（言語 A），Communicative English I, 外国語科目英語の受講生］，愛知教育大学日本語教育コース［言語表現論，日本語コミュニケーション論，総合演習 I の受講生］，名城大学人間学部教職課程［英語科授業研究の受講生］，愛知みずほ大学人間科学部［感覚の英文法の受講生］）および愛知みずほ大学市民聴講生の豊田市民の皆様，認知言語学談話会（愛知県立大学外国語学部英米学科　宮浦国江先生主催）において，本書の草稿を発表させていただいた際，コメントをいただいた参加者の皆様，機能主義言語学研究会（愛知教育大学日本語教育コース　安武知子先生主催）において，本書の前提となる研究発表のいくつかをさせていただいた折に，コメントをいただいた参加者の皆様，筆者の質問に対し，英語の母語話者としての意見を多くくださった，Harry Wray 氏，Laurence Dryden 氏，被験者として，研究に協力いただいた，Michael Conaway 氏，Daria Deeva 氏，Dale Stache 氏，Amitabha Chakrabarti 氏，他の母語話者の方々，その他，筆者の英語教育の話にお付き合いいただいた方々に感謝致します。また，開拓社の川田賢氏には，本書投稿時の査読の段階から編集に至るまで，お世話になりありがとうございました。

2010 年 7 月

森に囲まれたカフェにて

今井　隆夫

目　次

はじめに　*v*

第1章　和訳は英語をわからなくする
　　　　──英語は日本語に訳せない・訳すからわからなくなる──
　　　　……………………………………………………………… *1*
　1.1.　The bus is stopping.──バスは止まっている？　*1*
　1.2.　英語と日本語では，事物に対する捉え方が違う　*4*
　1.3.　英語と日本語では，単語が表す意味の範囲が違う　*8*

第2章　コミュニケーションに必要な文法とは？
　　　　──「文法を学ぶこと」と「文法について学ぶこと」は
　　　　別物──　……………………………………………… *15*
　2.1.　文法を学ぶことと文法について学ぶことは違う　*15*
　2.2.　英文法の基本は形と意味の対応　*19*
　2.3.　外国語習得を支援する文法知識とは？　*25*
　2.4.　受験の英文法とコミュニケーションのための英文法　*30*

第3章　訳すことで生ずる誤解
　　　　──日本人英語学習者が訳すために勘違いする例──…… *33*
　3.1.　疑問文・否定文では any，肯定文では some ってホント？
　　　　33
　3.2.　ever =「今までに」？　*37*
　3.3.　Yes/No =「はい／いいえ」？　*40*
　3.4.　international =「国際的な」？　*43*
　3.5.　direction =「方向」？　*44*
　3.6.　almost =「ほとんどの」？　*47*

第4章　日常言語の中の比喩
　　　——人は言葉にできないものを言葉にするために比喩を
　　　用いてきた—— ……………………………………… *50*
  4.1.　日常言語は比喩でいっぱい　*50*
  4.2.　偶発的な比喩（Spontaneous Metaphor）　*51*
  4.3.　stand に「我慢する」という意味があるの？　*53*
  4.4.　比喩とは何か？——その種類とメカニズム　*56*
    4.4.1.　比喩を使う理由は？　*56*
    4.4.2.　メタファー　*56*
    4.4.3.　メトニミー　*58*
    4.4.4.　シネクドキー　*61*

第5章　多義語の意味も，比喩によってつながっている
　　　——形が同じならばそこには共通の意味がある——……… *65*
  5.1.　形が同じならば，そこには共通の意味がある　*65*
  5.2.　動的用法基盤モデルと英語学習　*68*
  5.3.　動的用法基盤モデルで多義語を学習しよう！　*71*
    5.3.1.　run　*71*
    5.3.2.　over　*72*
    5.3.3.　pick up　*75*
    5.3.4.　share　*76*
    5.3.5.　due　*78*
    5.3.6.　leave　*79*
    5.3.7.　charge　*80*
    5.3.8.　notice　*82*
    5.3.9.　work　*83*
    5.3.10.　since　*84*
    5.3.11.　through　*85*
  5.4.　前置詞の多義——経路焦点と終点焦点　*87*

第6章　形と意味Ⅰ（英語の基本構造） ………………… *92*
  6.1.　英語では，語順が大切　*92*
  6.2.　受動態の意味　*94*

6.3. S + V / S + V + □:「単なる行為」と「対象に何らかの力が及ぶ行為」 *96*
6.4. be 動詞 *100*
6.5. 並置 *103*
6.6. S + V + □ + ■: 動詞の後に続く並置 *104*
6.7. have の後続要素 *106*
6.8. 過去分詞のイメージ *108*
6.9. give とその仲間: give + □ + ■ *109*
6.10. V + □ + to do / from doing *112*

第7章 a と the の使い方 ……………………………… *114*
7.1. a と the の違いは？ *114*
7.2. a と the で意味がどう変わる？ *115*
7.3. go to school と go to the school はどう違う？ *119*

第8章 名詞の二つの用法
――名詞に可算・不可算という区分があるの？―― *122*
8.1. 「犬と猫のどちらが好きですか？」を英語で言うと？ *122*
8.2. Langacker の認知文法の考え方 *123*
8.3. 同じ名詞が可算用法と不可算用法で意味がどのように変わるか？ *127*
8.4. 全体を見るか，部分を見るか？ *130*
8.5. fish が不可算名詞なのはなぜ？ *131*
8.6. cutlery, furniture, money, baggage はなぜ不可算名詞？ *132*
8.7. pants はつねに複数が基本なのに，T-shirt は単数が基本なのはなぜ？ *133*

第9章 時制の表現法
――英語には時制がいくつあるかと思いますか？―― *135*
9.1. 英語の時制はいくつあるか？ *135*
9.2. 過去形のイメージは距離感 *137*
9.3. 未来を表すには？ *139*

第10章 相の概念（基本・進行・完了）………………… *145*
　10.1.　相（aspect）　*145*
　10.2.　基本相　*146*
　10.3.　進行相――V-ing 形の意味　*146*
　10.4.　完了相――have + V-en の意味　*152*
　10.5.　時制と相を用いた表現法　*153*
　　10.5.1.　現在　*154*
　　10.5.2.　過去　*155*
　　10.5.3.　未来: will による予測の世界（will は現在形）　*157*
　10.6.　動詞の原形のイメージは？　*158*
　10.7.　時制についてクイズ形式で理解を深めよう　*160*

第11章 過去形と丁寧表現 ………………………………… *167*
　11.1.　過去形のスキーマ　*167*
　11.2.　相手からの距離感を表す過去形　*168*
　11.3.　現実からの距離感を表す過去形　*170*
　11.4.　丁寧表現を作ってみましょう　*171*
　11.5.　過去形を用いた興味深い表現　*173*

第12章 動詞の二つの用法
　　　――動詞に状態動詞，動作動詞という区分があるの？――
　　　……………………………………………………… *177*
　12.1.　名詞の二つの用法（おさらい）　*177*
　12.2.　動詞の完了用法と未完了用法　*179*
　12.3.　現在進行形と現在形の違い　*181*
　12.4.　現在形と現在進行形の意味の比較　*184*
　12.5.　現在形について補足（発展）　*191*

第13章 形と意味 II（並置）
　　　――二つの要素が並んでいるということの意味は？―― *194*
　13.1.　並置の基本　*194*
　13.2.　X BE Y の意味になる並置　*195*
　13.3.　X HAVE Y の意味になる並置　*200*

13.4. with + X・Y の並置　*206*
13.5. X BE Y か X HAVE Y かはどうやって決まる？　*207*

第 14 章　形と意味 III（倒置） ……………………………… *210*
14.1. 倒置形のイメージは？　*210*
14.2. 倒置を用いた表現のいろいろ　*211*

参考文献 ……………………………………………………… *215*
索　引 ………………………………………………………… *219*

第1章

和訳は英語をわからなくする
――英語は日本語に訳せない・訳すからわからなくなる――

1.1. The bus is stopping.――バスは止まっている？

　外国語を学ぶ際には，必ず念頭におかなければならないことがあります。学習対象言語が何であれ事情は同じですが，ここでは，英語学習ということに焦点を当てて，考えていきたいと思います。それは，**英語は日本語には訳せない，日本語に訳すからわからなくなる**ことが多いということです。その理由は，言語は文化の一つの現れだからなのです。つまり，言語が違えば，その母語話者の事物に対する認知の仕方・捉え方が異なり，その認知様式の違いが言語に反映されているのです。このことは，形態素，語，文，パラグラフとその単位にかかわらず当てはまります。本書では，語と文のレベル，つまり，語彙と文法に焦点を当てて話を進めます。

　では，いくつかの具体的な例で，英語は日本語に訳せない，訳すとわからなくなる場合が多いということをみていきましょう。まず，次の クイズ を考えてみてください。

クイズ

(1) The bus is stopping.
バスは,動いていますか? それとも止まっていますか?
(2) I went fishing in the lake, but I couldn't because it suddenly started raining heavily. という文は間違っていますが,その理由はなぜでしょうか?

さて,皆さんの答えはいかがでしょうか? では,一つずつ考えていきましょう。

まず,(1) "The bus is stopping." の正解は,「バスは動いている」です。しかし,学校の英語の授業や参考書で,be + V-ing を進行形と呼び,「〜している」と訳せると学んだ方は,この公式に当てはめて,stop =「止まる」だから,「バスは止まっている」と訳せる。よって,バスは止まっているではないか! と考えたかもしれません。これが,訳すことでわからなくなる一つの例なのです。では,この英文が伝えるメッセージを正しく理解するためには,どのように考えればよいかをみていきましょう。前提として,V-ing という形に対するイメージの理解が不可欠です。**V-ing の基本イメージは「途中」です**。反対の概念は「完了」です。(完了は,V-en〈過去分詞形〉で表されますね) このことを理解しておけば,上のクイズは簡単に理解できます。**バスが止まるという(一瞬の)出来事の途中ということは,止まろうとしているのであって,止まってはいないことになります**。止まっていればその動作が完了していることになってしまいますよね。つまり,この文のメッセージは,バスが止まっているのではなく,止まろうとしているとなるわけですね。

では,同様の例をもう一つ考えてみましょう。

(3) My battery is dying. (携帯の充電について)

充電は切れていますか？ それとも，切れていませんか？

この場合も同様に考えればよいですね。**充電が切れるという事態（切れるのは一瞬のこと）の途中ということは，切れかかっているのであり，まだ切れていませんね**。ちなみに，「充電が切れている」は，My battery is dead. と表現できます。

　(2) の英文 "I went **fishing** in the lake, but I couldn't because it suddenly started raining heavily." で言いたいと思われることは，「湖に釣りに行ったが，急に大雨が降ってきたのでできなかった」ということですが，日本語で考えれば，この日本文の表す内容は自然なのですが，(2) の英文はこの日本語の内容を表す英文ではないのです。これも，訳すことでわからなく一つの例です。英文の表すメッセージは，前半の I went fishing in the lake. の部分は，「湖に行って釣りをした」という内容を表し，後半の I couldn't (fish) because it suddenly started raining heavily. の部分は，「急な大雨のために釣りができなかった」という内容を表すので，前半と後半が論理的に矛盾することになり，この英文は論理矛盾となるわけです（田中（2006）参照）。つまり，fishing という V-ing 形がここでもポイントとなります。**V-ing 形は「途中」を表すので，釣りをするという行為がすでに行われたことが含意されるのです**。ちなみに，上の日本文の内容を英語で表現するには，次の (2′) ようになります。

　(2′)　I went to the lake **to fish**, but I couldn't because it started raining heavily.

これならば，to fish という形が用いられているので，これから釣りをするという意味を表す形なので，釣りをしたことは含意されず，前半と後半は矛盾しないのです。ちなみに，**to do という**

形の基本イメージは，ある場所・行為へ向かう。do（動詞の原形）は，まだ行われていないイメージです。

以上の例からもわかっていただけたと思いますが，英語を学習する際にまず念頭に置かなければならない大切なことは，**英語は日本語には必ずしも訳せない，訳すことでわからなくなることがある**ということです。英語を日本語に訳すのではなく，英語が表す内容を理解することが大切なのです。

1.2. 英語と日本語では，事物に対する捉え方が違う

ここでは，言語は文化の形であり，そこには，母語話者の事物に対する捉え方が反映されているということを考えていきましょう。

"You have bags under your eyes. Are you okay?" という表現がありますが，皆さんは，この文の意味がわかりますか？ また，日本語では，同じ状況で，どのように表現しますか？

これは，「疲れているみたいだけど，大丈夫？」といったメッセージを伝えている表現です。日本語では，「眼の下に隈ができている」という表現がありますが，これが，対応する表現とも言えましょう。しかし，ここで大切なことは，日本語と英語では，同じ事態に対する捉え方が違うので，対応する言語表現も違う。よって，訳すことはできないということです。同じ事態を日本語では，目の下に隈ができていると捉えているのに対し，英語では，目の下に袋ができていると捉えていますが，いずれも疲れていることを表す表現と言えます。訳すのではなく，日本語と英語における事態把握の方法の違いに目を向け，英語が伝えるメッセージをつかむことが大切です。通訳者や翻訳者にでもならない限り，英語を日本語に訳す必要はありません。

第1章　和訳は英語をわからなくする　　5

では，次の クイズ を考えてみましょう。

クイズ　英語ではどのように表現しますか？
(4)　車間距離を維持しましょう
(5)　（ドアのところで）お先にどうぞ
(6)　ここはどこ？
(7)　（新幹線の）指定席・自由席
(8)　ここだけの話だけど
(9)　つまらないものですが。（人に何かをあげるときに使う表現）

解答は次のようになりますが，どのくらい正解できたでしょうか？

(4)　Don't tailgate!
(5)　After you.
(6)　Where am I? / Where are we?
(7)　reserved cars / non-reserved cars
(8)　This is just between you and me.
(9)　I hope you like it.

英語と日本語では，その表現が直訳ではうまく表現できないものばかりだったと思います。

なぜかというと，そもそも**言語では，事象のすべてを表現することはできない**ということを念頭におく必要があります。**事物の一部をハイライトして言語化している**に過ぎないのです。そして，どこをハイライトして言語化するかが，英語と日本語では異なるのです。このことを理解するために

図1: ルビンの盃

は，図1の「ルビンの盃」を考えてみるとよくわかります。この図からは二つの図をイメージすることができますね。一つは「人が向かい合っている図」で，もう一つは「盃の図」です。この現象は，**図と地の分化，図と地の反転**と呼ばれていますが，英文法を理解する上でも大変有益な概念です。絵として**前景化されている部分を「図 (figure)」**，背景となり**後景化されている部分を「地 (ground)」**と呼びますが，このことを念頭において，先ほどの例を考えてみるとよくわかります。このように，一つの図形の中から，図の部分と地の部分を反転させることをわれわれは視覚で行いますが，これは**図と地の反転**と呼ばれる認知能力の一つなのです。そして，**認知言語学では，認知能力というのは，絵画，音楽，スポーツ，料理，ファッション，論理的思考，言語，などさまざまなものに反映されており，言語能力も認知能力の現れの一つだという立場に立って言語現象を捉えます**。つまり，この図と地の反転という考え方で，言語現象を理解することができるのです。これからさまざまな言語現象をみていきますので，ここで概念を押さえておきましょう。図と地の反転は，文法能力の基盤となる一つの重要な側面と考えられるわけです。

では，(4) から順に考えていきましょう。

(4) は，日本語では，「車間距離を維持しましょう」という言語表現によって，車と車の間の距離を保つという行為の結果としての**状態が言語化**されているのに対し，英語では，"Don't tailgate." という表現により，前の車に接近するな（アオルナ）という運転手の**行為が言語化**されています。

(5) は，日本語（お先にどうぞ）では，相手が自分の先にドアを通過するという**他者の行為が言語化**されているのに対し，英語 (After you.) では自分が相手の後からドアを通過するという**自分の行為が言語化**されています。なお，この After you. はドア

のところだけでなく，食事をしているときに，相手に先に取ってと勧めるときなどの状況でも使えます。

(6) は，日本語（ここはどこ？）では，自分が今いる**場所**が言語化されているのに対し，英語 (Where am I?) では**自分の存在**が言語化されています（山梨 (2009: 125–126)）。

(7) は，日本語（指定席・自由席）では，席が指定されているか，自由に好きなところに座れるかという側面が言語化されているが，英語 (reserved cars / non-reserved cars) では，席の予約がされているかどうかという側面が言語化されています。

(8) は，日本語（ここだけの話だけど）では，話の行われている**場所**が言語化されていますが，英語 (This is just between you and me.) では話している**人間**が言語化されています。

(9) は，日本語（つまらないものですが）では，謙遜の気持ちが言語化されている表現ですが，英語 (I hope you like it.) では，相手に気に入ってもらいたいという気持ちが言語化されていますね。これは，文化の違いが言語に現れたものと言えます。なお，最近では，日本人でも「つまらないものですが」という表現を使わなくなっている傾向があるようです。また，英語でも This is a little something for you. と日本語の「少しですが…」に似た言い方もあります。あるネイティブスピーカー（3歳の時に，ウクライナからアメリカに移民した20代女性）は，自分は，This is a little something for you. という謙遜表現のほうが好きだというコメントをくれました。言語表現は，服装やヘアスタイルのようなもので，どの言語表現を快適と感じるかは，個人個人違うわけです。

以上のように，日本語と英語では，同じ事象を伝達する際に，図として捉えられ，言語化される部分が違うため，和英辞典を片手に日本語を英語に訳しても，英語として自然な表現が作れない

という事態に遭遇することが多いのです。また，**どこを図として言語化する傾向があるかは認知様式の違いに影響を受けており，これこそが，文化の形，しいては，日本語らしさ，英語らしさということになると考えられます**。ちなみに，ここでの例では，日本語では自分の置かれた状況や環境，相手を言語化する傾向が観察されるのに対し，英語では，人間，自分を言語化する傾向が観察されますね。

1.3. 英語と日本語では，単語が表す意味の範囲が違う

日本の英語教育では，その学習の初期段階から，英単語の意味をその訳語との一対一対応で覚えてきた経験をお持ちの方が多いかと思われます。ここでは，英語学習の入門・初級段階で学ぶ基本的な語彙こそ，日本語には訳せない，訳すとその本当の意味がわからなくなることがあるという例をみていきたいと思います。

まずは，friend です。もちろん，その日本語訳は「友達・友人」と覚えている方が多いと思いますが，この英語と日本語の意味の範囲は同じではありません。ここで，このことを実感した一つのエピソードを紹介しましょう。以前，筆者の知人で当時 30 歳位，大学の講師をしていた帰国子女の A さんが，インターネットのウイルスに感染したとき，「アメリカの友人から送られてきたので安心して開いた」と言っていたことがあります。皆さんは，A さんの友人としてどのような人をイメージしますか？ 筆者は，その話を聞いていたとき，A さんと同じ位の年齢のアメリカ人を想像したのですが，実は，友人の方は 50 代のアメリカ人の大学教授だったのです。A さんは，日本人ですが，アメリカでの生活のほうが長く，英語のほうが日本語よりも自由に意思を表現できる方で，日本語がむしろ外国語だったのです。つまり，A

さんの場合は，英語の friend をそのまま日本語に訳して，日本語の友人という言葉を使ったために，このような誤解が生じたと考えられます。日本語の友達・友人は通例同年代の人に対して使うのに対し，英語では，同年代とは限らないのです。friend の反意語が，enemy「敵」であることを考えれば理解しやすいですが，friend は「味方」という意味なのです。このように，friend という中学1年で学ぶ単語でさえ，単に訳語を覚えることがいかに危険かということが理解できると思います。ちなみに，friend が「味方」であるというイメージさえつかんでおけば，friendly fire という表現が「味方からの誤爆」という意味だということも難なく理解できるのです。

次に，take care of ＝「世話をする」と覚えてしまうと，とてももったいないということを考えてみましょう。英語の take care of は，日本語の「世話をする」よりも使用範囲が広い表現なので，「世話をする」と覚えていると使える状況が限られてしまい，非常にもったいないのです。日本人英語学習者に take care of を使って文を作ってみましょうという課題を与えると，I'll take care of the baby while you are away.（あなたが出かけている間，私が赤ん坊の面倒をみていましょう）のように，「世話をする」という和訳が前提となった例がまず返ってきます。これはこれで，正しい使い方なのですが，英語の take care of は次の例文 (10)-(14) のように，自分が責任を持って何かに対処するといった意味で使われることのほうが多いのです。

(10) Can you **take care of** the job?
 （この仕事やってもらえない？）
(11) I'll **take care of** it right away.
 （すぐやります！）

(12) Just bring yourself. I'll **take care of** everything.
(来てもらえるだけでいいですよ。私が全部用意しておきますから)

(13) Would you **take care of** my bag while I am in the restroom?
(お手洗に行くので、カバンみててくれる？)

(14) Don't worry. The check has been **taken care of**.
(心配しなくてもいいよ。支払いは済ませたから)

これも、訳したために、take care of の意味がつかめなくなってしまう例ですね。ここで一つ *Crossroads Café* というドラマからの例をみてみましょう。次は、開店前のレストランに客から注文の電話が入ってきた場面での、店主の Mr. Brashov とウェイトレスの Katherine の対話です。

(15) (The phone rings)
MR. BRASHOV: Hello? Yes, this is the mystery restaurant, but we don't open for another three hours. No, I cannot take an order. Because I have no one to deliver food.
(もしもし、こちらはミステリーレストランですが、まだ、開店まで3時間あります。すみません。配達はうかがえません。配達する者がおりませんので)

KATHERINE: **Let me take care of this**. (answering the phone) Hello, this is Katherine. What would you like us to deliver?
(私に任せてください。もしもし、キャサリンです。何をお届けしましょうか？)

MR. BRASHOV: Are you out of your mind?

(気でも狂ったの？)

(*Crossroads Café: Episode 1: Opening Day*)

Katherine は，開店前で配達する人もいないので注文の電話を断ろうとした Brashov さんに，「私に任せて」と言って電話を代わっていますね。

では，もう一つ クイズ を考えてみましょう。

クイズ （ ）に入る形容詞を答えましょう。
  (16) My room is (   ).「私の部屋は広い」
  (17) This corridor is (   ).「この廊下は広い」
  (18) My grandfather's forehead is (   ).「うちの爺さんの額は広い」

日本語では，すべて「広い」という形容詞で表現されていますが，英語では，(16) は large，(17) は wide，(18) は high が正解となります。つまり，英語と日本語では，その語が表す意味の範囲にずれがあり，一対一対応するものはないと考える必要があります。上の例では，日本語は，部屋，廊下，額，すべてに対して，「広い」という形容詞を用いることができますが，英語では，部屋のように客観的な面積の大きさには large（ちなみに反意語は small），廊下のように幅については wide（反意語は narrow），額のように，ある基準点から上への距離は high（反意語は low），と違った形容詞を用います（藤掛 (2008) に詳しい）。

関連して，high と tall の違いについても考えてみましょう。皆さんは，次の英文からどのような窓をイメージしますか？

  (19) a. The windows of my house are tall.
       b. The windows of my house are high.

(19a) では，**tall の横幅に対して縦が長いイメージ**から，図 2 の (a) のように細長い窓がイメージされるのに対し，(19b) では **high の基準点から上への距離の長さというイメージ**から，図 2 の (b) のように高い位置にある窓がイメージされます。

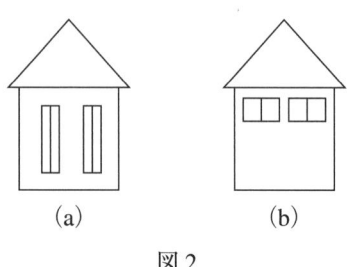

図 2

　つまり，図 3 で示されるように，英語と日本語では，語がカバーする範囲が違うということですね。もう一つ，よく知られた例に wear と「着ている」もあります。英語では，wear + (a hat, a suit, glasses, socks, a beard, perfume, her hair long,

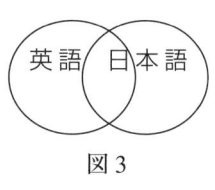

図 3

a smile on her face, etc.) などと表現しますが，日本語では，「帽子をかぶっている」，「スーツを着ている」，「メガネをかけている」，「靴下をはいている」，「髭をはやしている」，「香水をつける」，「髪の毛を伸ばしている」，「微笑みを浮かべている」などさまざまな動詞で対応することを表現します。wear のほうが，着ているよりも使える範囲は広く，基本イメージとしては**一時的に身につけて，自分の意志で取り外しが可能なもの**には使えるという感じです。このような「動詞＋名詞」の連語関係をコロケーションと言いますが，この関係は，刃物と切られるものとの関係のようなものと考えるとわかりやすいと思います。はさみ，のこ

ぎり，包丁など，紙，木，食材とその道具で切られるものは違いますよね。ちなみに，「身につけている」という状態は wear で表現されますが，「身につける」という動作はどのように表現するか知っていますか？ そうですね。put on です。put は「位置させる／置く」イメージ，on は接触のイメージです。また，反対の動作（脱ぐ，はずすなど）は，take off ですね。take は取るイメージ，off は離れた状況を表します。電気のスイッチの表示に ON ↔ OFF とありますが，これも回路が接触しているかどうかを表していますね。

　以上の例から，英語は日本語には訳せない，訳すからわからなくなるということの意味がわかってもらえたのではないかと思います。**英語を学ぶ際には，その訳語を一対一に当てはめて語彙学習を終了するのではなく，つねに，意味範囲が違うということを念頭に置いて，その違いを学ぶ姿勢で学習することが大切ですね**。もちろん，学習の初期段階から，各単語のすべての意味を覚えるようにすることがよいと言っているのではありません。初めは，一つの意味を訳語と例文で覚えても構わないと思いますが，1対1対応はしないということを念頭に置き，多くの英語表現に触れる過程で，**柔軟性**を持って，その単語の本質的な意味を徐々に獲得していく心構えが必要だということです。

コラム　英英辞典の活用法
──訳語を知っている単語を調べてみよう！──

　anniversary という語も訳すことで使えなくなる語彙の一つです。anniversary =「記念日」なんて覚えると，決して，

This year marks the 17th anniversary of my father's death.

(今年は，父の 17 回忌です)

のように 17 回忌の意味では anniversary が使えなくなってしまいます。英英辞典で語義を確かめて the day on which an important event happened in a previous year (*Cambridge Advanced Learner's Dictionary*)(過去に重要な出来事が起こった日)と理解しておけば大丈夫ですね。

　知らない単語ではなく，日本語の**訳語を知っている単語を英英辞典で調べる**ことから始めれば，多くの発見があると思います。

第 2 章

コミュニケーションに必要な文法とは？
―「文法を学ぶこと」と
「文法について学ぶこと」は別物―

2.1. 文法を学ぶことと文法について学ぶことは違う

「英語はいやだけど英会話は学びたい」とか，「英文法なんか学んでも会話には役に立たない」という意見を耳にすることがときどきあります。英語，文法というのは役に立たないもので，英会話は役に立つという内容のようで，言いたいことは理解できるのですが，文法とは何かを議論する際には，このような一般的な会話で使われている文法のイメージではなく，「文法」という用語が表す概念を整理してから話を始める必要がありますので，まずは，文法という言葉が表す内容を整理したいと思います。ここで質問です。皆さんは，日本語の文法を知っていますか？

多くの方は，中学時代に国語の授業で学んだ国文法のことを思い出して，NO と答えられたことでしょう。しかし，筆者の意味する文法という観点からは，この答えは YES です。皆さんは，日本語の文法を知っているから，日本語を理解したり，話したりすることができるのです。英語も同じことです。英語の文法を知っているから，母語話者は英語が理解でき，話せるのです。しかし，知り方が違います。つまり，母語話者がその言語の文法

を知っているというのは，潜在意識的な知識 (subconscious knowledge: 意識と無意識の間の知識) としてなので，学校で学ぶような文法ではないのです（藤掛 (1980: 38)）。皆さんは，中学で国文法を学び，未然，連用，終止，連体，仮定，命令，などの活用形や，否定の助詞「ない」は未然形に接続するとか，下一段活用，五段活用といった文法用語を学んだことでしょう。しかし，このような文法用語，文法的分析を学んだことで，日本語の表現力や会話力が向上したと実感した経験はあるでしょうか？おそらく，答えは NO でしょう。つまり，**このような一般に文法の学習と考えられていることは，文法についての学習（文法用語の学習）であって，言語を理解したり，発話したりするために必要な文法能力を身につけることとは違うのです。**英文法の学習についても同じことが言えます。**英語を身につけたいなら，英文法を学ぶことは不可欠ですが，英文法について学ぶ必要は言語について研究でもしない限り必要はありません。**

しかし，一方で，外国語学習においては，母語話者の文法のように，24 時間すべてが言語学習という環境における，帰納的な文法学習だけには依存できない面もあります。そこで，ある程度は explicit knowledge（明示的な知識）としての文法学習も必要な面も出てくると言えますが，その際大切なことは，文法学習が文法のための学習にならないようにすることです。つまり，**明示的文法ルールを学ぶことが，言語学習を支援するものであるかどうかを，つねに吟味する必要があります。**では，具体的に考えていきましょう。まずは，クイズです。

クイズ　次の英文の意味と文型を答えてください。
- (1)　She is my ex.
- (2)　She is mean.

第2章 コミュニケーションに必要な文法とは？

(3) She is into American TV shows.
(4) She is talking on her cell phone.

解答は,

(1) 彼女は元の彼女です。(S + V + C)
(2) 彼女は意地悪です。(S + V + C)
(3) 彼女はアメリカのテレビ番組にはまっている。(S + V)
(4) 彼女は,携帯で話している。(S + V)

さて,(1) と (2) の文型は S + V + C で,(3) と (4) の文型は S + V となるわけですが,このことが理解できて目から鱗が落ちましたか？ 文型がわからないと意味が取れませんでしたか？ 意味がわかっても,文型を判断するには,少し考えた方もいるのではないでしょうか？ つまり,**文法がわかっているということは,英文の表すメッセージが理解できることであり,文型識別ができることとは違うのです**。しかも,ここでの例では,be 動詞の後に,主語についての説明が置かれているのに,(1) と (2),(3) と (4) で違った文型になるというのは奇妙な話だと思いませんか？ これは,学校英文法の説明が外国語習得という観点からは,ややこしいという意味でうまくいっていない一つの例です。このような文法についての学習は,英語学習には必ずしも役に立つとは限らず,むしろ,学習を妨げることさえもあり得るのです。

つまり,文法学習に関して大切なことは,英語を学ぶには,文法を学ぶことは必要なのですが,従来の学校文法の説明には,説明が理解の助けになっていない部分が多くあるということです。また,文法的な説明というのは,どんな文法説明でも実際に使用されている生きた言語のデータから人間が帰納的に作り出した仮説である以上,完璧で不変なものは存在することはないというの

も事実です。これは文法説明が仮説であることの限界です。筆者は，認知文法の視点を参照した，英語の母語話者が潜在的に持っていると考えられる文法感覚を，意識レベルで学ぶことで，英語学習に光を与えてくれると考えています。筆者はそのような文法を「感覚の英文法」と名付けて授業で実践しています。本書では，筆者が授業で実践している「感覚の英文法」の視点から，文法を考え，英語学習に役立つものを提供していきたいと思います。もちろん，感覚の英文法も仮説であり，つねに，より納得がいく説明に進化していくものだということを念頭において，利用していかなければなりません。

ではここで，上の例を「感覚の英文法」で理解してみましょう。ポイントは，be 動詞のイメージです。**be 動詞は，X be Y で「X が Y という状況にある／X が Y のメンバーの一員である／X が Y というカテゴリーに属する」といった意味を表します**（田中・川出 (1989: 57)）。この前提に立って上の例文を考えていきますと，(1) は，「彼女は，私の元の彼女というカテゴリーに入る」ということです。ちなみに，ex は，ここでは ex-girlfriend のことと説明しましたが，その他，ex-boyfriend, ex-wife, ex-husband などの意味になる場合もあります。どの意味であるかは発話された文脈から推測されます。(2) も同様で，「彼女は意地悪というカテゴリーに分類される」ということです。(3) は，She went into the room. という文と一緒に考えてみるとより理解しやすいです。この文では，彼女が，部屋の外から中に入っていき，その結果，現在部屋の中にいるということですが，物理的に，何かが，容器の中にあるというイメージを表します。She is into American TV shows. の場合は，この物理的なイメージが，心理的なイメージで用いられているだけで，彼女は気持ちがアメリカのテレビ番組の中にあるということから，熱中しているという

意味がでてきます。日本語では，「はまっている」という表現が最近流行っていますが，これこそまさに，into と同じイメージですね。(4) も (1), (2) 同様に，彼女が, talking on her cell phone という状況にあると考えればいいわけです。**be 動詞の後ろには，主語がどのような状況にあるかという説明がくる**というイメージさえつかんでおけば，文型の識別などしなくても英文のメッセージを簡単に理解することができたと思います。では一つ練習問題です。She is in love. はどんな意味でしょうか？ そうですね。彼女の心理状態が，恋愛の中にあるということですから，「彼女は，恋愛中」となりますね。

ここで，最後に，文法の学習についての心がけをまとめておきます。

(5) ① 母語話者の文法知識は subconscious なものであり，外国語学習でも同様な知識の習得が理想。
② 文法のための文法を学習しなくてよい。文法はあくまで補助輪的なもの。
③ 英語学習を支援する英文法で文法を内在化させましょう。
④ 「3単現のs」「文型」「不定詞の○○用法」などの用語を知ることではなく, The bus is stopping. のような文が表す内容をイメージできる力が文法力！

2.2. 英文法の基本は形と意味の対応

田中茂範氏は「**形が同じならばそこには共通の意味がある。形が違えば，意味が違う**」という趣旨のことを述べていますが，この考え方も，英語を学ぶ上で認識しておくととても役立つことの

一つです。では，具体例をみてみましょう。

> 形が同じ例

〈例1〉 （語彙の場合）
- (6) I hit at the ball, but I **missed** it.
- (7) I **missed** Maria in the cafeteria today.
- (8) He is not good at getting up early. He must have **missed** the train.
- (9) This soup is **missing** something.
- (10) I'll **miss** you. /
    I **missed** you a lot last week.

それぞれの英文の意味は，次のようになります。

- (6) ボールを打とうとしたが，<u>当たらなかった</u>。
- (7) 今日は，学食でマリアに<u>会えなかった</u>。
- (8) 彼は朝が弱いので，電車に<u>乗り遅れた</u>に違いない。
- (9) このスープは何か<u>足りない</u>。
- (10) あなたがいなくなると<u>寂しくなる</u>よ。／
    先週はあなたがいなくて<u>寂しかった</u>よ。

日本語では，miss にさまざまな意味があるかのように訳されますが，英語では miss は miss であってそこには中心となる意味があるはずである。さて，miss のスキーマは何でしょうか？

miss のスキーマをみる前に，今後の学習のために，ここで認知言語学の考え方を確認しておきます。人間には，事物をグループ分けすることで理解するという認知能力が備わっています。この能力を，カテゴリー化の能力と呼びますが，そのカテゴリーのメンバーというのは，すべてがメンバーとしての同じ条件を備えているのではなく，そのカテゴリーのメンバーが持っていること

が理想とされる要因をより多く備えている中心的な存在から、少ししか備えていないがどこか似ているところがあるのでグループに入っているものまでさまざまなメンバーで構成されています。たとえば、鳥のカテゴリーを考えてみますと、代表的な鳥、スズメ、ツバメ、ハトから、ニワトリ、ガチョウ、さらにはペンギンとさまざまなメンバーがいますね。このことは、言語表現の意味にも当てはまります。なお、中心的なメンバーは典型事例 (prototype)、周辺的なメンバーは、周辺事例 (peripheral) または拡張事例 (extension)、すべてのメンバーの特徴を統括する、最大公約数のようなイメージのことをスキーマ (schema) またはコア (core) と呼びます。これから、**スキーマ**という言葉を使いますが、**ある語や表現の基本イメージ**と理解しておいてください。

　では、ここで、miss の話に戻りましょう。miss には、スキーマとして、図1で表されるように「本来あるべきものがない」という意味があります。(6) の「ボールを取り損なう」はプロトタイプの意味です。(7)、(8)、(9) にもあるべきものがないという意味が共通して観察されますね。さて、(10) は拡張事例です。人は「本来あるべきものがない」と「寂しく感じる」ことが多いですよね。このような、概念上の隣接性に基づき意味が拡張した例ですが、「本来あるべきものがないと**寂しく感じる**」という事象の寂しく感じるという部分が「図」として前景化した表現と考えてもいいでしょう。また、長い間会っていなかった人に会った時に I missed you. と言うことができますが、日本語ではどのような表現に対応しますか？ そうですね。「会いたかったよ」くらいですね。

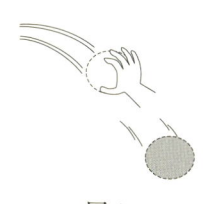

図1

もう一つ，文法を例に形が同じならば意味が同じということをみてみましょう。

〈例2〉（文法）
(11) Harry is **surfing the net**.
(12) **Surfing the net** is a lot of fun.
(13) The student **surfing the net over there** is Daria.
(14) On Sundays Marissa usually spends two hours **surfing the net**.
(15) **Surfing the net**, Bob upset the coffee.

学校英語では，(11)は現在進行形，(12)は動名詞，(13)は分詞の形容詞用法，(14)はspend+時間+V-ingという定型表現，(15)は分詞構文と分類されますが，そのような分類は必要あるでしょうか？ いや，むしろそのような分類は学習を妨げる可能性さえもあります。V-ing形という同じ形を共有していれば，そこには共通の意味があるということさえ押さえておけば，英文のメッセージは容易に理解できます。前にも述べましたが，V-ing形のスキーマは「途中」です。(11)-(15)の例文は，すべてsurfing the netという表現からネット検索をしている途中というイメージを思い浮かべ，それぞれ次のように考えることができます。

(11) Harryがネットを検索している途中という状況にある。
(12) ネット検索をしているということをイメージし，それが楽しいとコメントしている。
(13) 話し手と聞き手にとって共有感覚が持てる1人の学生 → その人はネット検索をしているんだけど → Dariaさんですよ。

(14) 日曜日には，Marissa は 2 時間を費やします。ネット検索をして。

(15) 「ネット検索をする」ということと「Bob がコーヒーをこぼした」ということが同時に起こったと表現しているだけ。

このように，スキーマさえ押さえて英文のメッセージをつかむようにすれば，英単語に対する訳語を網羅的に暗記したり，多くの文法用語と対応する例文，その和訳を覚えたりすることなく，英文のメッセージを捉えることができます。これが，認知文法の視点を参照した「感覚の英文法」が英語学習を支援できるところです。

では今度は，形が違えば意味が違う例をみてみましょう。

形が違う例

〈例 3〉 （語彙）

「林さんは福田元首相に似ている」という意味を伝えたい場合，適切なのはどちらでしょうか？

(16) a. Mr. Hayashi **resembles** former Prime Minister Fukuda.

 b. Mr. Hayashi **takes after** former Prime Minister Fukuda.

例 3 では，適切なのは (16a) です。どちらも「似ている」と訳されますが，形が違えば意味は違います。resemble は「似ている」という意味で使えますが，take after は take と after の意味を考えれば推測できますが，血縁関係にある親子などが似ている場合にしか使えません。なぜならば，take はここでは「(特徴などを) 取り込む」，after X で「X の後から (生まれて)」と考

えれば理にかないますね。遺伝子を take して，似ることができるのは，親子の場合ですね。

〈例4〉（文法）

「1時間くらいしたら，洗濯物を取りに行くつもり」という意味を伝えたい場合，適切なのはどちらでしょうか？

(17) a. **I'm going to** pick up the laundry in an hour.
 b. **I'm about to** pick up the laundry in an hour.

例4では，適切なのは (17a) です。be going to はある行為に向かって気持ちが進行しているということから予定を表します。一方，be about to も予定を表しますが，**前置詞 about のスキーマは，何かの周辺・周り**（大西・マクベイ (2003: 32)）です。したがって，to 以下の行為，ここでは洗濯物を取りにいくという行為の周辺にいなければ使えないということになりますので，1時間後は遠すぎるのです。行為の周辺というのは，これからすぐ行うというイメージですね。関連して，It's about time you went to bed! (もう寝る時間ですよ！) という，とっくに眠っていなければならない子供が起きている場合に言う表現がありますが，ここで about が使われているのもわかりますね。この文を言われたら，すぐに寝なければならないのです。また，動詞が went と過去形になっているのはなぜでしょうか？ 本来ならば寝ていなければならないのに，実際は起きているから，起きているという事実の反対（つまり，眠っている）でなければならないという意味なので，過去形が使われ，現実からの距離感が表されていますね (9.2節参照)。

> コラム **coast と shore の違い**

次の (a), (b) はどこを旅するのでしょうか？

(a) a journey from coast to coast
(b) a journey from shore to shore

日本語では，coast も shore も海岸と訳されますが，これも形が違えば意味が違う例です。coast は陸側から見た海岸であるのに対し，shore は海側から見た海岸を表します。よって，(a) は陸の旅，(b) は海の旅を表すことになるのです。では，アメリカ大陸を西海岸から東海岸まで横断の旅をするのはどちらでしょうか？ そうですね。陸の旅ですから，(a) a journey from coast to coast です。

(Fillmore (1982: 121), Lee (2001: 10))

2.3. 外国語習得を支援する文法知識とは？

われわれ日本語の母語話者は，日本語の文法を知っているから日本語を理解したり，話したりすることができること，「文法を知っていること」と「文法について知っていること」は違い，外国語の習得においても文法について学ぶ必要はないが，文法を学ぶことは必要だというお話をしてきました。

ここでは，さらに発展させて，母語話者の持つ文法とはどのような知識であり，外国語学習において，どのような文法を学ぶことが学習を支援するかということを，具体例を通して考えていきたいと思います。

まずは，次の二つの文をみてください。この二つの文のうち一方は不自然な文なのですが，どちらが不自然な文かわかります

か？（田中・佐藤・阿部（2006: 161），白井（2004: 101）参照）

(18) a. Would you open me a beer?
    b. Would you open me the door?

英語の母語話者なら，(18b) が不自然な文であると指摘します。母語話者によって，なぜか理由を説明できる人もいますが，多くの人は，なぜかわからないが，(18b) は聞かないから不自然と答えるでしょう。これが，母語話者の持つ文法知識です。つまり，母語話者の文法知識は subconscious（潜在意識的）なものなのです。subconscious というのは conscious（意識）と unconscious（無意識）の間に位置する知識ですが，ある文をみて，自然か不自然かという判断は下せるのですが，なぜ不自然かという理由は必ずしも明示的には説明できない知識なのです。外国語学習においても，このような文法知識を身につけることが最も望ましいことだと思いますが，現実，日本における英語教育のように，学習言語を使う機会が限られた環境における外国語学習では，母語話者と同じ文法知識を身につけることは，単に，多くの英語のインプットを浴びるだけでは難しい場合が多いと考えられます。そこで，母語話者がある文を自然か不自然かと判断をする拠り所としていると思われるルールを学習することで，インプットの量が少ないという現状をカバーすることができると考えられます。また，このルールは動的（ダイナミック）なものであるという特徴も留意しておく必要があります。つまり，不変ではない，変化するということです。母語話者といっても，言語生活の過程で，つねに言語に接していますので，文法（ルール）も徐々に確立し，一生ダイナミックに変化し続けるものなのです。また，ルールを学習することと並行して，もちろん，できる限り多くの英語を聞いたり，読んだりすることは，合わせて行わなければならないこ

とは言うまでもありませんが。

では，具体的に，どのような文法ルールを学べばよいかということですが，筆者は学ぶべき文法を従来の学校文法と区別して「感覚の英文法」と名付けて，授業で説明していますが，先ほどの例をもとに考えていきましょう。まず前提として確認しておきたいことは，**英語は語順が重要な言語であり，語順が変われば意味が変わる**という原則があることです。逆にいえば，**ある語順は意味をもつ**と考えることができます。ここでの例では，X Y と二つの要素が並ぶという語順（並置）の意味がポイントとなります。**X Y と二つの要素が並置されれば，そこから感じられる意味は，① X BE Y か ② X HAVE Y なのです**。どちらの意味になるかは，文脈等の情報から推論されて決まります。

では，並置の意味が文脈からどのように決まるかを，具体例で簡単にみてみましょう。

(19) a.　He made me coffee.
　　 b.　He made me a celebrity overnight.
(20)　Call me a taxi.

(19a) では，me と coffee の間には，I have coffee. という関係が成り立ちますので，「彼が私にコーヒーを入れてくれた（そして，そのコーヒーを私が飲んだ）」という意味になるのに対し，(19b) では，I am a celebrity. という意味が成り立ちますので，「彼が私を一夜で有名人にしてくれた」という意味になるのです。では，(20) はいかがでしょうか？ 普通の解釈では，I have a taxi. という「私がタクシーを利用する」という関係がイメージされますので，「タクシーを呼んでください」という意味に解釈されますが，I am a taxi. と解釈すれば，「私をタクシーと呼んで」という解釈も無理はありますが，十分な文脈があれば可能

かもしれません。あるアメリカ人のコメントでは,次のような ジョークもあるそうです。

(21) "Call me a taxi." "OK, you are a taxi."

「タクシーを呼んで」と言っているのに,「タクシーと呼んで」と わざとふざけて解釈し,「いいよ,君はタクシーだね」と答えて いますね。

では,(18) の (a), (b) の例文に話を戻しましょう。(18a) (Would you open me a beer?) では,me と a beer が並置されていますので,I have a beer. という意味が感じられ,(18b) (Would you open me the door?) では,me と the door が並置されていますので,I have the door. という意味が感じられるわけです。**ビールを開けてもらって飲むわけですから,I have a beer. という意味関係は自然であるのに対し,ドアを開けてもらったからといって,自分がそのドアを所有するわけではありませんので,(18b) は不自然に感じられるわけです。**このような文法知識が感覚の英文法であり,筆者が,英語学習を支援できると考えているものです。ちなみに,(18b) は次のように表現すれば,自然な言い方になります。

(18) b′. Would you open the door for me?

また,(18a) は容認可能な表現ですが,母語話者によっては,次の (18a′) のほうがより自然というコメントをする人もいます。

(18) a′. Would you open a beer for me?

言語は動的であり,話者によって自然と感じられる度合いも差があるのは,実際の姿です。

では,この文法知識で次の例も考えてみましょう。一方が不自

然な文ですが、どちらが不自然かもうわかりますね。また、なぜでしょうか?

(22) a. I sent her a ring, but she refused to accept it.
  b. I sent a ring to her, but she refused to accept it.

そうですね。(22a) が不自然となります。なぜならば、her a ring という語順から、She has a ring. という意味が感じられますので、前半で彼女が指輪を所有したと述べられているのに、後半で、受け取るのを拒否したと述べられており、この文は but の前後で内容が矛盾します。一方、(22b) では a ring to her という語順になっていますので、to の「ある場所まで移動して、対面するイメージ」(田中 (2006)) から、指輪が彼女の所に届いたが受け取ったことは含意されないイメージが感じられますので、受け取るのを拒否するという内容につなげることも可能となりますね。つまり、(22a) では次の図2の (a) に示されるように、彼女が指輪を所有したという結果部分が図となりハイライトされているのに対し、(22b) では、図2の (b) に示されるように、移動の経路が図になりハイライトされている表現だと言えます (Langacker (2002: 14) の論に基づく)。

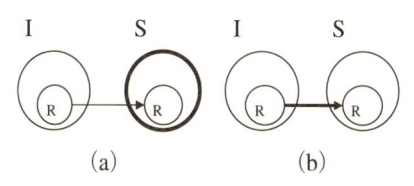

記号の意味: I = I (私), R = ring (指輪), S = she (彼女)

図2

2.4. 受験の英文法とコミュニケーションのための英文法

では次に、感覚の英文法が従来の学校英文法とどう違うかを、具体例を基にみてみましょう。皆さんは、受験勉強で、「時・条件を表す副詞節の中では、未来のことでも現在形を用いる。will＋原形は用いない」というルールを学んだことがあるかと思いますが、果たして、このルールは本当なのでしょうか？ 筆者は、このような受験の文法ルールは入試問題で正解を得られるかどうかという点に限定すれば、使えるのですが、実際の英語コミュニケーションでは強すぎるルールだと思います。このルールでは、言語がダイナミックであること、つまり、文脈によって変化するというおもしろさが抜け落ちてしまっているのです。次の例文を考えてみましょう。

(23) a. If I'm late, I'll mail you.
　　 b. If I'll be late, I'll mail you.

この二つの文のうち正しいのはどちらでしょうか？ もしくは、両方とも正しいのでしょうか？

上で述べた受験の文法ルールで判断すると (23a) が正しく、(23b) は間違っているということになりますが、実際は、どちらも正しい文なのです（ピーターセン (1990: 123-124)）。しかし、形が違えば、意味は微妙でも違います。(23a) は If 節の中で事実を表す現在形 (am) が用いられていますので、「遅れるということが事実となれば」という意味を表すのに対し、(23b) では予測を表す助動詞 will が用いられていますので、「遅れると予測した時点で／遅れそうだと思ったら」という意味になり、(23a) も (23b) もあり得る表現なのです。(ただ、母語話者によれば、どちらも正しい表現ですが、現実の言語使用では、そこまで細かい

意味を伝える必要がない場合には，(23a) のほうが簡単な形ですので，(23a) が用いられるほうが多いというコメントもあります。)

では，次の例はどうでしょうか？

(24) a.　If **I win** the lottery, I'll travel around the world, taking a long vacation.
　　 b.　If **I'll win** the lottery, I'll travel around the world, taking a long vacation.

この例では，(24a) のみが通例正しい表現であり，このような文脈の例文が入試問題では出題されるため，例の受験のルールで正解が得られるわけですね。では，なぜ (24b) は不自然な表現なのでしょうか？ そうですね。宝くじが当たるかどうかは予測できないからです。つまり，宝くじが実際に当たった時点（事実となった時点）で休暇を取って世界旅行をするのであり，当たりそうだと予測して世界旅行をするということは普通考えられないので不自然な表現となるわけです。言語表現の適切性は，どのような文脈で発せられたかも考慮された上で決まるということですね。時・条件を表す副詞節の中だから現在形だという単純なものではないのです。

以上，みてきましたように，言語はダイナミックなものであり，ある言語表現が正しいかどうかは，文脈，背景知識などさまざまな要素がかかわって決まってくるわけですが，逆にいえば，どのような文脈をイメージするか次第では，多様な言語形式が可能となるようなものは入試では正解が一つに決まらないため出題されないので，試験で正解を得るということに限定すれば，受験の文法ルールが通用してしまうわけです。しかし，これでは実際の言語使用のおもしろさが失われてしまいます。学習の初期段階

では，受験で問われるような典型的なものから理解することが重要かもしれませんが，言語がダイナミックで，文脈次第では，捉え方は一つに決まらないという言語の実際を学習の初期段階から意識し，学習の進展とともに，典型でない例も学んでいくとよいと思います。このことは，英語学習だけにとどまらず，世の中を生きていく上でも大切な考え方だと思います。つまり，どんなルールや考え方も適用される文脈や状況との関係ではじめて，適切かどうかが決まるということです。本書では，実際の英語コミュニケーションで役立つ，ダイナミックな感覚の英文法を紹介していきたいと思います。

第 3 章

訳すことで生ずる誤解
――日本人英語学習者が訳すために勘違いする例――

英語は日本語に訳せない，訳すからわからなくなるということをお話ししてきましたが，ここでは日本人英語学習者が間違えやすい具体的ないくつかの例を通して，① 訳すとどのように誤解が生じるのか？ ② 訳すのではなく，英語の表す内容を理解するにはどうすればよいかを考えていきましょう。

3.1. 疑問文・否定文では any，肯定文では some ってホント？

従来の学校英文法では，any も some もその意味は「いくつかの」で，疑問文・否定文では any，肯定文では some を用いるという説明がされることがありますが，果たしてこれでよいのでしょうか？

次の例文をみてみましょう。(1) は疑問文，(2) は肯定文ですが，いずれの場合も some も any も使われています。どちらかは間違った文なのでしょうか，それとも意味に違いがあるのでしょうか？

(1) a. Do you have **any** brothers or sisters?
    b. Do you have **some** brothers or sisters?
(2) a. **Someone** can do the job!
    b. **Anyone** can do the job!

どちらも正しい文ですが，意味に違いがあります。**形が違えば，意味が違う**という原則を思い出してください。まず，some と any のスキーマから確認しましょう。**some は話者の頭の中に具体的なイメージが存在するがぼかしがかかっている感じです。つまり，話し手にとって特定のものがイメージされていますが，何らかの意味ではっきりさせていないのです。一方，any は任意的であり，具体的なイメージはなく，聞き手が何をイメージしてもよいという意味の語です** (Langacker (2008: 294))。したがって，(1) では，any の場合は，「(兄弟がいるかどうか知らないけど)兄弟はいますか？」という意味になるのに対し，some の場合は，「(確か兄弟がいたと思ったけど) 兄弟はいますよね？」という感じになります。(2) の場合は，someone は特定の人物がイメージされていますから，「誰かその仕事ができる人がいるよ。(誰かはわからないけど，この世の中には誰かね)」といった感じです。一方，anyone は聞き手に対し「誰のことを思い浮かべてもいいけど，その人がその仕事ができるよ」と言っていますので，「誰でもその仕事はできるよ」という内容を表します。しかし，このような some と any のイメージはいつもはっきりと違いがでるかというと，そうとは限りません。たとえば，レストランなどで，「先に飲み物はいかがでしょうか？」というときには，お客さんに選択権を預ける意味で，(3) のように表現できますね。

(3) Would you like **anything** to drink while you decide?

一方,「何を飲まれますか？」と飲むことが前提となっている場合や,「飲み物はいかがいたしましょうか？」と Yes の答えを期待した感じを出したい場合は, something を使って, Would you like **something** to drink while you decide? も可能です。あるネイティブスピーカーからはどちらもよい英語だけど, something のほうをよく聞くというコメントがありました。「飲み物はいかがでしょうか？」という感じでしょう。

　ここで，**some は話し手の頭の中に具体的なイメージがあるが，何らかの理由でぼかしがかかっている**と先ほど述べた点について詳しくみておきましょう。何らかの理由というのはどのような理由が考えられるでしょうか？ 次の例文で考えてみましょう。

　(4)　**Some** teacher said it.

例文 (4) は「ある先生が言っていたよ」という内容を表しますが，なぜ, some が使われていると思いますか？ 大まかに，次のような場合が考えられます。一つ目は，話し手自身が, どの先生だったかはっきりと覚えていない場合, 二つ目は, 聞き手が知らない先生なので, Mr. Bufton said it. のように具体的な名前を言っても情報として意味がない場合, 三つ目は, 何らかの理由で, その先生の名前を出すことが望ましくないと考えられる場合です。二つ目の使い方としては，救急車を呼ぶときに用いる，次の someone の使い方も同様です。

　(5)　**Someone** is having a heart attack.

救急隊員は心臓発作を起こした人を知らないわけですから，名前を言っても，情報として意味がありませんね。それよりも，心臓発作で倒れている人がいると伝えることが先決です。

　繰り返しになりますが, some が「特定のものや量がイメージ

されていますが，**諸般の事情からぼかしている表現**」であることに関して，もう一つ例をみてみましょう。たとえば，「知り合いが言っていたんだけど，キャンパス内に2ヶ月後にコンビニがオープンするそうだよ」とその知り合いのことを知らない人に話すときは，**具体的な名前を言っても相手が知らないわけですから意味がないので，Someone** I know told me that a convenience store is going to open on campus in two months. と someone を用いるとぴったりきますね。もし，John told me that ... と John を知らない人に言ったら，John って誰よ？ という話になってしまいますね。

つまり，**諸般の事情には，① 話し手が具体的な名前が思い出せない場合，② 聞き手が知らない人のことを述べるので，具体的な名前を言っても相手がわからない場合，③ 何かの事情で具体的な名前を出すとまずい場合**などが含まれます。

では最後に，一つ クイズ です。次は，Jackendoff (1972: 337) という言語学者が挙げた例文ですが，意味の違いはわかりますか？

(6) a. If you eat **any** candy, I'll whip you.
b. If you eat **some** candy, I'll give you $10.

(6a) は「キャンディーを少しでも食べたら叩くぞ！」と言っています。any は「任意」ですので，食べる量がどれだけでも，という感じですね。一方，(6b) は「キャンディーを食べたら10ドルあげるよ」と言っていますので，話し手が期待する量だけ食べないと10ドルもらえないわけですね。any は，何を思い浮かべてもいいので，(6a) では聞き手に選択権が与えられているのに対し，(6b) では，話し手の頭の中に，これだけの量のキャンディーとある量がイメージされています。

3.2. ever =「今までに」？

皆さんの多くは、ever =「今までに」と中学・高校で学んできたと思いますが、果たしてこの訳語ですべての ever が理解できるでしょうか？ まずは、(7a-c) の例文をみてください。

(7) a. Have you **ever** been rear-ended?
  b. This is the most delicious pizza I have **ever** tasted in my life.
  c. Did you **ever** visit Tokyo Disneyland?

(7a) は「今までに、追突されたことがありますか？」という内容を、(7b) は「今までに食べた中で最もおいしいピザです」という内容を、(7c) は「今までに東京ディズニーランドへ行ったことがありますか」という内容を表しますので、ここまでは、ever =「今までに」という訳語を当てはめてもうまくいきますね。

では、(8) はいかがでしょうか？

(8) *I have **ever** donated blood.

「今までに献血したことがある」という内容を表したいのでしょうが、実は、この文は英語としては間違っています。**しかし、多くの英語学習者が発する間違いの文として、ネイティブスピーカーの先生からよく指摘される文なのです**。(8) のような誤文が多くの学習者から発せられる原因は、ever =「今までに」という訳語から生まれたたものだと考えられます。ever の意味が「今までに」だとすれば、この文はおかしな文ではないかのように感じるのですが、英語の母語話者にとってはとても不自然に感じる文なのです。なぜだかわかりますか？

次の (9) と (10) はどうでしょうか？

(9) Do you **ever** misplace glasses?

(10) If you should **ever** come back to Japan, please let me know.

(9)は「メガネをどこかに置いてその置き場がわからなくなることがありますか？」，(10)は「またいつか日本に来ることがあれば，知らせてね」という内容を表しますが，ever＝「今までに」では意味がとれないのではないでしょうか？ ちなみに，come backの使い方もおもしろいですね。たとえば，来週また来ますか？と訊きたいような場合も，Will you come back next week? のように使えます。

では，話をeverに戻しますが，実は，**everは，at any time「聞き手に対して，いつのことを思い浮かべてもいいのだけど」**といった内容を表す語です。つまり，anyと同じように**任意的で，どの時点を思い浮かべてもいいんだけどねといったイメージ**なのです。つまり，anyの時バージョンという感じですね。(3.1節のanyの項を参照してください。)

このように考えれば，(7)-(10)で挙げた例文は，すべてうまく説明がつきます。では，順番にみてみましょう。まずは，「今までに」という訳語を当てはめてもうまくいく例，(7a-c)からみてみましょう。

(7) a. 「**いつのことでもいいのだけど**，追突されたことはありますか？」「今までに」という訳語は，have + V-enという現在完了形の形とeverがともに用いられた場合に，その意味内容を日本語で表現すると出てくる表現にすぎないのです。**ever単独では，「今までに」の意味はない**のです。

b. 「私が**これまでにいつ食べた**（任意の）ピザと比べて

も，これは一番おいしい」I have ever tasted in my life は，of the three（三つのうちで）と同様に比較の対象を表します。これまでにいつ食べたピザを思い浮かべて比較してもよいという意味で任意的ですから，ever を用いることができますね。

  c. **いつのことでもいいのだけど**，東京ディズニーランドへ行ったことがありますか？

 次に，(8) の文が間違いである理由です。この文が間違いなのも，**献血をしたのは，具体的な時点に行ったことであり，聞き手がどの時点を思い浮かべてもよいというものではないので，任意の時点を意味する ever とは相性がよくないわけです**。この文は，*I have any sisters. という文と同じくらい不自然な文なのです。自分の姉妹の数は，普通わかっていますよね。ちなみに，(8) の内容を表現する場合は，次のように表現します。

 (8′) I have donated blood before.

(9), (10) は「今までに」と訳したのでは，意味がおかしくなりますが，ever = at any time とそのスキーマで考えれば，次のように理にかないます。

 (9) 「**いつのことを思い浮かべてもいいのだけど**，メガネをどこかに置いて，その置き場所がわからなくなることがありますか？」Do you [often/sometimes] misplace glasses? のように often や sometimes を用いて，「[よく／ときどき] メガネをどこかに置いて，その置き場所がわからなくなることがありますか？」という内容を表現できますが，often や sometimes の代わりに ever を使えば，「いつのこととは限定しないけど」という意

味になるわけですね。

(10) **いつのことでもいいのだけど**，また日本に来るときは，知らせてね。

以上，みてきましたように，ever のプロトタイプの使い方（中心的な使い方）では，「今までに」という訳語で解釈が可能ですが，(9)，(10) のような周辺事例の解釈には無理が生じますし，(8) のように訳語で考えるために誤文を生み出してしまうということにもなります。一方，ever の意味を「いつのことを考えてもいいのだけどね」というようなイメージで理解するとどうでしょうか？ すべてがうまく説明できましたよね。スキーマを理解し，文脈によってその語のどのような意味の側面がハイライトされるかを考えていくことで，その単語のイメージがより深く理解できるのです。

3.3. Yes/No＝「はい／いいえ」？

入門期の英語の授業で，Yes＝「はい」，No＝「いいえ」と教えられた経験のある方が多いかと思いますが，これも訳すことでわからなくなる代表的な事例です。次の例文 (11)，(12) を考えてみましょう。

(11) Jack: Henry and Sara are going out together. You didn't know that?
Shelly: **No.**
Q) Shelly は Henry と Sara が付き合っていることを知っていましたか？

(12) Tony: Don't you like figs?
Nick: **Yes.**

Q) Nick はイチジクが好きですか？

さて，皆さんの答えはいかがでしょうか？ 正解は，(11) では Shelly は Henry と Sara が付き合っていることを知りませんでした。(12) では Nick はイチジクが好きです。

そもそも，英語の Yes/No は日本語の「はい／いいえ」とは性質が全く違うものなので，訳すことはできないのです。日本語の「はい／いいえ」は相手が言った内容に対して，同意するかしないかで使い分けますが，**英語の Yes/No は相手の発言に同意するかしないかではなく，Yes の後には肯定文が続き，No の後には，否定文が続くことを示すマーカーのようなものなのです**。よって，(11) では，「Henry と Sara 付き合ってるんだけど，知らなかった？」という問いかけに対し，No は No, I didn't know that.（「知らなかった」）ということを意味します。このような否定疑問文に答える時には，**not を勘定に入れないで考えることが大切です**。つまり，英語で Yes を使うか，No を使うかは，これから自分が言うことが肯定文か否定文かで決まるので，相手が，肯定で訊いたか，否定で訊いたかは関係なく，肯定文で表される内容を答えたい時は Yes，否定文で表される内容を答えたい時は，No で答えればよいのです。

(12) も同じで，「イチジク好きじゃないの？」という問いに対し，Yes と答えていますので，Yes, I like figs. を意味しますから，イチジクが好きだということになります。中学生などに教える時にはもう少し簡略に，たとえば，次のように説明してはどうでしょうか？「はい／いいえ」という訳語は使わないことがポイントですね。

(13) 〈例〉リンゴが好きかどうかを訊かれた場合，好きならば Yes，嫌いならば No と答えます。

a. Do you like apples?（りんごが好きですか？）
—Yes, I do.（好きです）／No, I don't.（嫌いです）
b. Don't you like apples?（りんご好きじゃないの？）
—Yes, I do.（好きですよ）／No, I don't.（嫌いなんです）

では，もう一つ，次の文はどう考えますか？

(14) "Would you **mind** my hanging around here for a while?" "Not at all."

ここでは，mind の意味が「気にする，いやと思う」(be annoyed, upset, or worried by something) なので，「構わないよ」と返答したい場合は，I do **not** mind it (= your hanging around here for a while) **at all**. ということになりますので，Not at all. と否定で答えればいいわけですね。「ここにしばらくいても構いませんか？」「全然かまわないよ」という対話になります。

以上が，原則ですが，英語でも一見，日本語と同じように Yes/No が使われていると思われる場合もあります。興味のある方は，コラムをみてください。

コラム Yes/No の使い方（発展）

Mr. Miller: You didn't sleep a wink last night?
（昨夜，眠れなかったの？）

Veronica: **Yes**. I was up all night, thinking about my future.
（ええ，将来のことを考えていて，一晩中起きてました）

この場合は，Yes, that's right. という意味で，Yes が使われています。もちろん，No(, I didn't sleep a wink last night). の意味で，No と答えるほうが一般的です。後に，続く文脈から Yes の意味が "Yes, that's right." であると解釈されるので，後の文脈がなければ，Yes, I slept well last night. の意味に解釈されてしまいます。

3.4. international ＝「国際的な」?

international は「国際的な」という訳語で覚えることが多いかと思いますが，次の例文の意味はどうなりますか？

(15)　He is an **international** student.

いわゆる直訳をすれば，「彼は，国際的な学生です」となり，意味がよくわからなくなってしまいます。国際的な学生とは何でしょうか？ これも「国際的」という訳語のために international の語感がわからなくなってしまう例です。international は inter + national に分解して考えることができますが，inter = enter, national = nations「国」と考えてみよう。つまり，別の国に入っていくイメージです。次の図で表されるように，○を国とすれば，他の国へ入っていくイメージが international です。ここで，ある国から別の一つの国へ入っていく学生と考えれば，留学生のイメージが出てきますね。このように考えれば，international student は「別の国から入ってきた学生」となり，日本語では「留学生」という語に対応することがわかるわけですね。ちなみに，OALD (*Oxford Advanced Learner's Dictionary*) によれば，international = existing, occurring, or carried on between nations と定義されています。基本語を英英辞書で確認してみれば，その語の語感をつかむヒントになりますね。

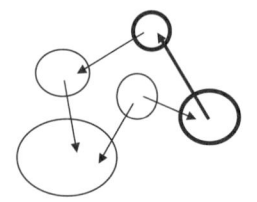

international のイメージ

3.5. direction =「方向」?

はじめに クイズ です。( ) に入る前置詞は何でしょうか？

(16) The sun rises ( ) the east and sets ( ) the west.

この質問を授業ですると，from/to という答えがよく返ってきます。さて，皆さんの答えはいかがでしたか？　この答えでよいでしょうか？　これも訳すことからわからなくなる例と言えます。「太陽が東から昇る」と日本語で表現される内容は，英語では，"The sun rises **in** the east." と表現されるのですが，これも認知様式の違いが言語表現に反映されたものであると考えられます。この理由は，田中・川出 (1989: 120-121)，阿部 (1998: 1-3) でも同様に説明されていますが，次の図に示されるように，東が空間として捉えられており，その空間内に太陽が昇ると捉えられるため in が用いられるのです。一方，日本人は太陽が東から昇り西へ沈むといった経路全体を捉えているため，東はスタート地点として捉えられています。そのため，日本人英語学習者には，*The sun rises **from** the east. と表現する傾向が見られるのです。この点に関連して，おもしろい報告があります。安藤 (2003: 42) は Google 検索の結果，The sun rises in the east. の 9,580

件に対し *The sun rises **from** the east. も 462 件見られ，後者の出典が URL 表示からスロバキア，香港，韓国，エジプト，日本など非英語圏国のサイトであることを報告しています。以上から，日本人英語学習者の前置詞の誤りは，事態に対する認知様式に動機付けられたものであると考えることができますね。また，set in the west の部分ですが，これは set の意味が「決められたところに位置させる」であることと，やはりここでも西という決められた空間に位置させると捉えられているため，in が用いられるわけですね。一方，日本人は，西を到着地点（ゴール）と捉えているため，to を用いる傾向があると考えれば説明がつきますね。

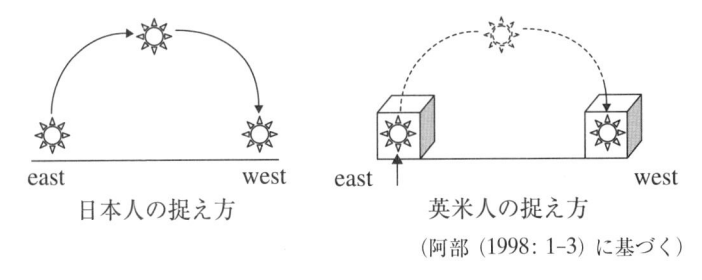

east　　　　　　　　west　　　east　　　　　　　west
日本人の捉え方　　　　　　英米人の捉え方

（阿部 (1998: 1-3) に基づく）

では，もう一つ，次の（　）に入る前置詞は何でしょうか？

(17)　I'm walking (　　) the direction of the gate.

正解は，**in** the direction of the gate となりますが，これも to という解答がよく返ってくる問題です。この問題も訳すからわからなくなる例と言えます。つまり，日本人の認知様式に動機づけられた誤りと考えられます。日本語で「門のほうへ歩いています」を英語で表現する場合は，I'm walking to the gate. とすれば問題ないですが，direction を用いる場合，direction＝「方向」と訳語で学習することから，日本語表現のイメージに影響されて in

を用いるべきところに to を用いてしまうという悲劇が始まるのです。**direction のイメージは，「自分の現在いる場所と目的地を結ぶ透明な廊下」といった area のような感覚**（下の図参照）であると考えられます。米人母語話者 5 名（74 歳男性，55 歳男性，36 歳男性，20 歳女性，17 歳女性）にもこの仮説を説明したところ，全員から賛同が得られました。つまり，門から現在地へ透明な廊下が伸びており（direction のイメージ），自分が現在その透明な廊下の中に位置していると捉えるため in が適切であることを理解すれば，ここでの前置詞の使い方が深層的に理解できると考えられます。

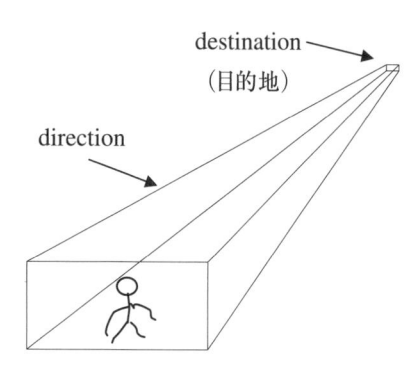

direction のイメージ （田中・川出 (1989: 124) に基づく）

また，of the gate と of が用いられている点は，of のイメージが田中・佐藤・阿部 (2006: 59) でも示されているように，A of B で A が B の一部であり，そこから取り

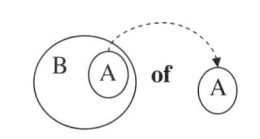

A of B のイメージ（A が B の一部，または B につながっている）

出せるが帰属している関係であることで理解できます。よって，

the direction of the gate という表現では，門から透明な廊下が現在地まで伸びており，その廊下は門に帰属するものと捉えられているためこのような表現になっていると考えると説明がつきますね。このように，訳語ではなく，英語母語話者が事態をどのように捉えているためにどのような前置詞が使われるかを理解することで，英語の表す内容がより正確に理解できると考えられます。

では，最後に次のセンター試験の問題を考えてみましょう。

(18) Hi! It's me. I'm sorry I'm late. I'm running (　) the direction of the ticket gate. I'll be with you in a minute.

① in　　② of　　③ to　　④ within

(2009 センター試験: 第2問 A: 問3)

簡単ですね。正解は①の in です。英文の内容は次のようになります。「僕だけど，遅れてごめん。今，改札口へ向かってるから，もうすぐ着くよ」

3.6. almost＝「ほとんどの」?

はじめに クイズ です。almost を使って，次の日本文の内容を英語で表現しましょう。

(19) 私のクラスでは，ほとんどの学生が生物を選択している。

　　　　　　　　　　　　　　　in my class take biology.

さて，Almost all the students となりましたか？ この問題には *Almost students と解答する日本人学習者が非常に多いのです。この間違いも almost＝「ほとんどの」と訳語で覚えていることが

原因で生じると考えられます。**almost は 100 または 0 のイメージの語について，たとえば，100% を 96%，0% を 4% とその度合いを下げたり上げたりする語なのです**。だから，almost + (all, any, every, no, full, empty, etc.) のように 100% か 0% を表す表現とセットで用いる必要があります。**動詞とセットで使う場合は，行為が完了する意味を表す動詞とセットで用いることができます**。なぜなら，完了＝100% 終わることですから，その度合いを下げて完了しそうになるという意味を表せるからですね。

(20) He tripped and **almost** fell.
(彼はつまずいてもう少しで倒れるところだった)

(21) I **almost** forgot.
(もう少しで，忘れるところだった)

さらに，次のように通り抜けるイメージの前置詞 through と一緒にも使えますね。

(22) Server: Are you through?
Customer: We are **almost** through.

レストランで，ウェイター，ウェイトレスに「お済みになられましたか？」と訊かれて，「もう少しで食べ終わります」という内容を表していますね。through という前置詞は，突き抜けるイメージです (Lee (2001: 39))。そこから，完了の意味が出てきます。almost を添えることで，ほとんど完了した状態を表せるわけですね。

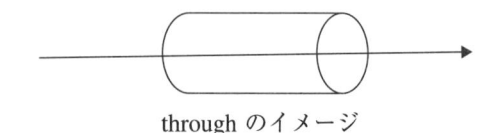

through のイメージ

コラム　You can keep it. の意味は？
── 訳ではなく，英文の表す内容を理解しよう！──

次の対話の意味を考えてみましょう。

"Can I borrow this?"　"Oh, you can keep it."

keep の意味は，「何かを（比較的長い間）所有する」です。「これ借りてもいいですか？」という質問に対し，You can keep it.（持っていていいですよ）と答えることで，あげるということを伝える比喩的な表現です。ちなみに，You can keep it until next week. なら，来週返さなければなりませんね。関連して，keep と hold の違いについても例文で確認しておきましょう。

(a)　Would you **keep** the door open?
(b)　Would you **hold** the door open?

keep には「比較的長い間ある状態を保つ」，hold には「一時的に押さえておく」（田中（2006））というイメージがあります。(a) は「ドアを開けたままにしておいてくれる？」という意味を表すのに対し，(b) は「ドアを押さえて開けておいてくれる？」という違いがありますね。(b) は両手が塞がっていて，ドアを開けることができない場合に，通る間だけドアを押さえて開けておいてほしいときに使います。

第 4 章

日常言語の中の比喩
——人は言葉にできないものを言葉にするために比喩を用いてきた——

4.1. 日常言語は比喩でいっぱい

外国語として英語を学ぶ際に留意しておくとよいことの一つに，日常言語の中には，比喩が豊富に存在するということがあります。なぜならば，比喩というのは**人が言葉にできないものを言葉にする手段として用いてきたもの**だからです。もしも，比喩を用いないと，世の中に新しい概念が生まれるたびに，その概念を表す新しい言葉を作らなければならなくなり，語彙の量が際限なく増えて非常に不経済であるばかりでなく，人間の記憶容量の限界も超えてしまう可能性さえもあると思われます。つまり，言葉にできないものをより経済的に言葉にするには，既存の言葉を用いて新しい概念を表すことがより合理的・経済的ということになります。事実，言葉は，比喩のメカニズムによって新しい意味を持つようになり，意味範囲を拡張してきました。したがって，外国語として英語を学ぶ際には，形態素，語彙，構文などのサイズにかかわらず，**形が同じであればそこには共通の意味があり，一つの語の多義は比喩によってつながっている**と考えれば非常に納得がいく点が多く，英語学習に役立つ面が多いのです。

4.2. 偶発的な比喩 (Spontaneous Metaphor)

では，はじめに，偶発的な比喩を実際の会話の中から観察してみましょう。

(1) Mary: You look miserable today. Are you okay?
    Susan: I was **plutoed**.
(2) Nick: Do you know whether Maria is **taken**?
    John: She was.
(3) Bob: You are being weird today. What happened?
    Jack: Lola is on my mind. I was wondering if I would ask her out.
    Bob: I'm afraid it's not a good idea. She is **off the market**
    Jack: What do you mean?
    Bob: She is seeing someone else.
(4) Zak: Can I ask you something?
    Anna: **Shoot!**

さて，もともとは言葉にできないものを言葉にして伝えるために用いられた偶発的な（その場限りの）比喩表現と思われますが，メッセージはつかめましたか？ いずれも筆者が，ドラマなどを見ている際に出会ったものを思い出しながら作成した例文です。では，(1) から順番に考えていくことにしましょう。

(1) は，2006年の話です。冥王星が惑星から外されたことが話題になりましたが，そのニュースを話し手と聞き手が共有しているという前提から，Pluto「冥王星」という語が動詞として用いられ，demoted「格下げされた」という意味を比喩的に伝え

ています。Mary の「なんか落ち込んでいるみたいだけど大丈夫？」という問いかけに対し，職場で降格されたことを，I was demoted.（左遷されました）と直接伝達せず，そのとき世間で起こったニュースを引き合いに出し，その類似点に着目して発せられた表現ですね。I was plutoed.（冥王星になってしまったよ）と述べることで，比喩的に降格させられたことを伝えているわけですね。後ほど，解説しますが，二つの概念の類似性に基づく比喩（メタファー）ということになります。

(2) は，Is this seat taken?（この席は空いていますか？）という表現が前提にあります。ここでは，this seat の代わりに she を用いて，「彼女が空いているかどうか」，つまり，彼女に「付き合っている人がいるかどうか」「既婚者であるかどうか」ということを訊いているのですね。このような解釈が可能なのは，コミュニケーションにおいては，聞き手の推論に依存する部分が多いという事実からも説明できますね。また，John の答え方もそれを受けてかなり乙な表現です。She **was** (taken). つまり，「以前はいたんだけどね」ということです。参考までに，パラフレーズすると，次のようになります。

(2′) Nick: Do you know whether Maria is seeing someone? / Do you know whether Maria has a boyfriend?

John: She was seeing someone, but she's not now. / She did have a boyfriend, but she doesn't have one now.

(3) では，on the market という表現が前提にあり，この表現をもじって言ったものと考えられます。実際，off the market という表現が，ここでの例と同じような文脈で使われた場面をド

ラマで見たことがありますが,そのとき聞き手はすぐに理解することができず,What? と聞き返していました。すると,話し手は,She is seeing someone else. (付き合っている人がいる) とより定着した表現で言い換えていましたが,on the market は「販売されている」という意味なので,off the market は「市場には出ていない」→「恋愛市場には出ていない」→「もう,付き合っている相手がいるので誘うことはできない」という推論がこの文脈では行われ,メッセージが理解されるわけです。ちなみに,She's seeing someone. も慣習化されていますが,比喩的な表現です。文字どおりには,誰かと一時的にくり返し会っているという意味を表しますが,くり返し会うということから,付き合っているという意味が連想されるわけですね。

(4) の「ちょっと頼みたいことがあるんだけど」という問いに対する応答,Shoot! は,一般的な表現になっているものですが,この前提には,「議論は戦争である」(ARGUMENT IS WAR.) という概念メタファー (人間の思考レベルにおける比喩) (Lakoff (1980: 41)) があります。つまり,戦争では,銃を撃って攻撃しますが,議論では言葉を発することが攻撃と言えますね。そこから,口語表現で,「話してごらん」という意味で使われるようになりました。この表現は,誰かが初めは偶発的な比喩として使ったものが,多くの人に受け入れられて,一般的な表現として習慣化し,定着したものだと考えられます。

4.3. stand に「我慢する」という意味があるの？

もう一つ,日常言語は比喩の宝庫であるということを具体例でみていきましょう。皆さんは,「もうこれ以上我慢できない」という内容を表す英語表現として,次のような表現を聞いたことが

あるかと思います。たとえば、タバコが嫌いな人がタバコ好きの人と話をしていて、相手が、何本も煙草を吸うような場合、初めは我慢していますが、ついに我慢の限界が来た時に、次のような表現を使います。

(5) Rob is always smoking.
    a. I can't **endure** it anymore.
    b. I can't **tolerate** it anymore.
    c. I can't **stand** it anymore.
    d. I can't **take** it anymore.
    e. I can't **bear** it anymore.
    f. I can't **put up with** it anymore.
    g. **This is the last straw**.

さて、いずれも「もうこれ以上我慢できない」と日本語には訳されますが、表現が違えば、伝達されるニュアンスに違いがあります。(5a) の endure と (5b) の tolerate は我慢するということを表す専用の語彙と言えますが、(5c-g) はいずれも比喩的に我慢を表している表現と考えられます。

(5c) は stand ですが、stand の基本的な意味は「立つ」です。ここでは、ロブが煙草ばかり吸うという事態（以下、「それ」と表現します）をこれ以上支えて立てないと表現することで、我慢できないことを表しているのです。

(5d) は take ですが、take の基本イメージは、「自分の領域に取り込む」（田中 (1989: 64)）感じです。ここでは、もうそれを取り込むことはこれ以上できないと表現して、我慢できないことを表しているのです。

(5e) は bear ですが、bear の基本イメージは、「何かを持ち運ぶ」です。ここでは、もうそれをこれ以上持って運べないと表現

して，我慢できないことを表しているのです。関連してですが，bear には熊という意味もありますが，この意味との関連性を知っていますか？ 英語多義語ネットワーク辞典によりますと，bear「熊」がお腹に大きな胎児を抱えると動作がゆったりとなることから「身をこなす」→「胎児の重さに耐える」→「子熊を生む」となり，このことから動詞では，「運ぶ」→「身につける」→「支える」→「耐える」→「生む」と意味が展開したようです（瀬戸 (2007: 87)）。

(5f) は put up with X ですが，with X（X と共にある状態）を up の状態に位置しておく（維持する）ことができないと表現することで，我慢できないことを表しているのです。物は何もしないと落ちてしまいますね。up の状態を保つには，努力がいるわけです。

(5g) の This is the last straw. は，ラクダの背中に十分な藁(わら)を積んだ状態で，さらに1本ずつ藁を載せていく状況をイメージしてみてください。ある1本を，載せたとたん，ラクダが耐えられなくなり潰れますね。このイメージから，我慢の限界を表しているのです。

このように，人はそれとは意識することなく，日本語でも英語でも，比喩を使って話しているのです。その場限りで使われる比喩（偶発的に用いられる比喩）から，初めは偶発的な比喩として用いられたと考えられますが，慣習化することで比喩のメカニズムが意識されなくなった表現までいろいろな段階がありますが，比喩が理解できないことが，英米人の会話を理解する際の一つの大きな障害になっている場合もあると考えられます。よって，外国語として英語を学ぶ際には，日常言語の中の比喩のメカニズムについて目を向けることが学習の助けになるのではないかと考えられます。では，比喩とは何かということを，英語学習に役立て

る前提知識として理解することへ話を進めていきましょう。

4.4. 比喩とは何か？——その種類とメカニズム

4.4.1. 比喩を使う理由は？

さて、ここでは、日本語と英語を例に、日常言語の中の比喩について整理しておきましょう。比喩については、Lakoff and Johnson (1980)，籾山 (2002) などで詳しく解説されていますので、さらに深く学びたい方は、そちらを参照していただくとして、ここでは、英語学習に役立てるという視点から比喩の概念を理解していきましょう。

比喩と一口に言っても、英語学習で重要なのは、直喩ではなく隠喩です。直喩とは、「〜のような」「〜みたいな」(like, as if) などのように比喩であることを示す言語表現が文脈の中に存在する種類のものをいいます。一方、隠喩とは、**比喩専用の表現は用いられていないのですが、言語表現を経済的に用いるという趣旨から、ある言語表現から別のある概念を連想、想起させる目的で用いられる言語現象**をいいます。ここでは、隠喩について話を進めていきたいと思いますが、隠喩には、メタファー、メトニミー、シネクドキーの三つの種類があります。ざっくり言えば、いずれもある言語表現を用いて、それとは違うものを間接的に表現する言語使用と言えましょう。では、一つずつみていきましょう。

4.4.2. メタファー

一つ目は、**メタファー**（**metaphor**）です。これは、類似性に基づく比喩で、**二つのものの似ている点に着目して、あるものをそれと似ている別のあるものを指す言葉で表現する比喩**です。で

は，いくつかメタファー表現の具体例をみてみましょう。

(6) 月見うどん
(7) （コンピューターの）マウス
(8) あゆみさんは職場の花だ。
(9) その問題に関しては2か月に渡って討論したが，まだ結論が出ていないのです。
(10) I'll **pick** you **up** in ten minutes.
(11) He is **in love**.

これらの例はいずれも，あるもの（行為）を表す語を用い，それと似ている別のあるもの（行為）を指し示しています。(6) は，うどんにタマゴの黄身が浮かんでいる様子が，月が池に映った様子と似ていることからできた表現と考えられます。(7) は，コンピューターのマウスがねずみとその形状が似ていることから，(8) はあゆみさんが花のように美しく，人を和ませる点と花との類似性から。(9) は，「橋を渡る」という表現を前提として考えますが，橋という空間を移動するように，2か月間という時間を移動するという捉え方に基づいたメタファーですね。ちなみに，**このように人間にとって具体的に見て取ることができる空間を表す表現を用いて，具体的には見ることができない時間の概念を表現する比喩はたくさんあります**。(10) は，「拾い上げる」という行為と「車で誰かを迎えにいって，車に乗せる」という行為の類似性からのメタファー。(11) では，in は「空間内にある」という意味で，He is in the library.（彼は図書館にいます）だと，彼が図書館という空間内に物理的に存在するわけですが，He is in love.（彼は恋愛中）では彼の気持ちが恋愛という心理状態にあると，恋愛という心理状態を容器に見立てて表現しています。ついでに，He is in the table tennis club. はどうでしょうか？ そうですね

卓球部という社会的なグループを容器に見立てて，彼がその中にいるイメージから所属を表していますね (Lakoff (1980: 59))。

4.4.3. メトニミー

二つ目の比喩は**メトニミー (metonymy)** です。これは，隣接性・関連性に基づく比喩で，**あるものをそれと空間・時間などの概念上，隣接または関連する概念を表す言葉を用いて表現する比喩**です。では，メトニミーの例をみてみましょう。

(12) 今年の忘年会は<u>鍋</u>にしようか？

(13) 熱いものを食べると<u>メガネ</u>が曇って困る。

(14) 卒論は<u>ラネカー</u>にする？

(15) John **hung up** the telephone as soon as his mom came back.

(16) a. Have you done the **dishes**?
  b. The restaurant serves **dishes** from all around the world.

(17) Here comes **the hot milk**.

これらの例はいずれも，あるものを表現するのに，それと隣接または，関連する概念を表す言葉を用いて表現していますね。

(12) の「今年の忘年会は<u>鍋</u>にしようか？」では，「鍋」が表すのはその中に入っている料理，鍋料理ですが，入れ物を指す言葉で内容物を指していますね。忘年会で鍋の品評会をするわけではありませんね。

(13) の「熱いものを食べると<u>メガネ</u>が曇って困る」は，曇るのはメガネのレンズですが，普通，このようにメガネという全体を指す言葉を使って，メガネのレンズという部分に言及します。

(14) の「卒論は<u>ラネカー</u>にする？」は，ラネカーという人間の

研究ではなく，ラネカーといえば認知言語学の先駆者，その人の理論を卒論で研究テーマにするということを表しますね。つまり，ラネカーと認知言語学が概念上，隣接関係にあることに基づく比喩です。

(15) John **hung up** the telephone as soon as his mom came back. (ジョンは，母親が戻ってきたとたん，電話を切った) の hang up は「電話を切る」という意味で使われますが，これは昔の電話は壁掛け式だったので，切るときには壁にあるフックに受話器を引っかけたわけです。壁に受話器を引っかけるという動作をすることと電話を切るということが同時に行われるため，より目立つほうの行為を言語化したと考えられますね。これも二つの行為が時間的に同時に起こるので隣接関係にあると考えられますね。最近では，電話の形状が変わり，電話を切るときに受話器をフックに引っかけるという動作はしないのが普通になりましたが，**電話の機能が変わらない限り，言語表現はそのまま使われていると考えられます**。これは，言語が慣習であることの特徴ですね。

(16) の dish には「皿」(a. Have you done the **dishes**? (お皿洗った？)) という意味と「料理」(b. The restaurant serves **dishes** from all around the world. (このレストランでは，多国籍の料理が食べられます)) という意味があります。これは皿にはふつう料理が盛られるという空間における隣接関係が認められます。あとは，どちらが図になって前景化するかで二つの意味がでてくると考えればよいわけです (「図と地の反転」参照)。

(17) はどうでしょうか？ I'd like a hot milk. なら，ホットミルクを注文する表現ですが，Here comes **the hot milk**. は文字どおりには「ホットミルクが来たよ」ということです。日本語でも同じような言い方はしますが，これはたとえば，珈琲店などの店員さんの会話で，常連のお客さんで，決まってホットミルクを

注文するお客さんがいるとします。そのお客さんの名前をふつうは知らないわけですから、ホットミルクと言えばそのお客さんが連想されるという関係から、店員さん同士では、コミュニケーションが成立しているわけですね。Here comes the hot milk. を使ったダイアログをみてみましょう。

(18) Masami and Nick are chatting at a café when a regular customer comes in.

Masami: Look! **Here comes the hot milk!**

Nick: I didn't order hot milk. I ordered coffee.

Masami: I mean the man who has just come in and is going to sit at the counter.

Nick: Oh, I see. He is one of the regulars. He is the one who comes here almost every day and orders hot milk.

（まさみ (M) とニック (N) が珈琲店で話しているとき、常連客の一人が入ってきた。

M: 見て、ホットミルクが来たよ。

N: ホットミルク頼んでないよ。コーヒーだよ。

M: そうじゃなくて、今入ってきて、カウンターに座ろうとしている男の人。

N: ああ、わかった。彼は常連さんだよ。ほぼ毎日来て、いつもホットミルクを頼んでるね。）

［日本語では、ホットミルクのお客さん／人など、ホットミルクの後に何か表現が続くことが多いが、ここでは原文における誤解の原因がわかるようにホットミルクとしてあります］

ここでは、まさみの "Here comes the hot milk!" という発話を

Nick ははじめ誤解し、文字どおりのホットミルクのことだと思ったが、言語表現はあくまで、メッセージを伝えるための一つの手掛かりであり、相手の意図を理解するためには、発話の場面、文脈情報、背景知識を利用して、推論によって意味の再構築がされるわけですね。そのような意味では、すべての言語表現は広い意味では、程度の差こそあれ比喩的といえるかもしれません。

4.4.4. シネクドキー

三つ目の比喩は、**シネクドキー (synecdoche)** です。これは、カテゴリー化の能力（人が、事物をグループ分けすることで整理して理解する認知能力）が前提にあります。たとえば、果物のカテゴリーは、（果物）＞（みかん）＞（夏みかん、ポンカン、キヨミ、ネーブル）、といったように（上位カテゴリー）＞（中位カテゴリー）＞（下位カテゴリー）と階層構造をなしていますが、このようなカテゴリーの階層構造において、**上位概念を指す語を用いて下位概念の一つを指し示したり、下位概念の一つを指す語を用いてより上位の概念を指し示たりする比喩がシネクドキーです**。では、シネクドキーの具体例をみてみましょう。

(19) タマゴ買ってきてくれる？
(20) 時間あったらコーヒー飲んでかない？
(21) ホッチキス貸してくれない？
(22) Bring me a **Kleenex**.
(23) Could you **xerox** this document, please?
(24) She is **hoovering** now.

さて、これらの例はいずれも、あるものを指し示すのに、その事物や概念が属するカテゴリーのそれよりも上位または下位カテゴリーの事物や概念に対して用いられる語を借りて、その概念を指

し示すという比喩，シネクドキーの例です。

(19) は，「タマゴを買ってきて」と頼まれれば，鶏卵を買ってきますよね。鶉の卵を買ってきては怒られますよね。しかし，タマゴという語は，鶏卵だけでなく，鶉の卵，魚の卵，亀の卵などさまざまなタマゴを指し示す語です。にもかかわらず，普通はタマゴといえば，鶏卵にアクセスするわけです。このように，タマゴというより一般的な概念を表す語を用いて，鶏卵というそのカテゴリーの中の特定のメンバーにアクセスする比喩がシネクドキーです。

(20) は，喫茶店に入って，コーヒーを飲まなくても，紅茶，ミルクなど，何を飲んでもいいわけですが，コーヒーという喫茶店で最もよく飲まれる飲み物を表す語を用いて，喫茶店で出される飲み物全般を指し示していますね。つまり，この文で伝えたいことは，何か飲み物でも飲みながらお話ししましょうということです。ここまで解釈すると，先ほどのメトニミーとも捉えられますね。

(21) の「ホッチキス」という語は，本来はコクヨの商標なのですが，日常会話では，書類を留めるという機能を果たす道具であれば，どこのメーカーのものでもホッチキスと呼ばれます。これは，特定のメーカーの商標が，同じ機能を果たす製品一般を呼ぶのに使われるようになった例（意味の一般化）で，日本語でも他に，「味の素」，「ウォークマン」などがあります。ちなみに，クリスマスに飲む発泡性のワイン「シャンパン」も意味が一般化して定着しかけたようですが，フランスのシャンパーニュ地方のワインしかこの名で呼んではいけないという特許の問題が主張されたために，「スパークリングワイン」という言葉が最近では使われているようです。しかし，日常の会話では，クリスマスに飲む発泡性のワイン一般を指して，「シャンパン」と呼ぶ人も実際は

います。

(22), (23), (24) の英語の例は, ホッチキスと同じメカニズムによる意味の一般化です。

(22) の Kleenex はティッシュペーパーのメーカー名ですが, これがティッシュペーパー一般を指すのに使われています。

(23) はコピー機の会社名, ゼロックスが動詞として, make a copy of something (コピーを取る) の意味を表します。

(24) は掃除機のメーカー名, フーバー社が, 動詞化して, 掃除をするという意味 (She's cleaning now.) で用いられています。フーバー社の掃除機を使わなくても言えるわけです。なお, この表現は, イギリスで主に使われる表現のようです。

いずれも, 製品のメーカー名が, そのメーカーのものであるかどうかにかかわらず, 同じ機能を備えた製品やその製品を使って行う行為一般を指すようになったシネクドキーの例です。

以上のように, 言葉の意味というのは, 概念上の類似性, 関連性, 包括関係などの関連性に基づき, 意味が拡張していき, それらの意味が多くの人に受け入れられ, 使われるようになって慣習化していくと考えられます。

最後に, 次のような表現も使われますが, 意味がわかりますか？

(25) If you want to know what Dr. Yellow is, why don't you **google** it?

(26) I **wikied** about Obama last night.

(25) は, 「ドクターイエローについて知りたかったら, グーグルで検索してみたら (ググッてみたら)？」ということですが, インターネットの検索エンジン, Google を動詞化して使うことで, Google で検索すること, さらには, インターネットで検索

することを表現しています。

　(26) は Wikipedia で調べるということで,「昨夜, オバマについてウィキペディアで調べた」ということを表しますが, あるネイティブによれば, これらの表現は, まだそれほど慣習化されていないため, 必ずしも皆が分かってくれるとは限らないので, "I looked through Wikipedia for stuff about Obama last night." などのように言ったほうがよいとのコメントもありました。

第5章

多義語の意味も，比喩によってつながっている
——形が同じならばそこには共通の意味がある——

5.1. 形が同じならば，そこには共通の意味がある

　日常言語は比喩の宝庫であるというお話をしましたが，多義語の一見，無関係に思えるいくつかの意味は比喩によって一つのネットワークを作っているという観点から多義語を紹介していきます。つまり，Bolinger (1977: Preface)，田中 (2006) で述べられていますが，形が同じならばそこには共通の意味があるということですね。

　たとえば，名詞 term の意味を，皆さんは受験勉強などで，どのように覚えましたか？ 多くの方は，「期間・学期・任期・(専門)用語・条件・人間関係」などの訳語を丸暗記した経験があるのではないかと思います。このように訳語を羅列すると，term には無関係な意味がたくさんあるかのように思えますが，これは日本語訳の問題であって，英語では，term は term であり，そこには共通の意味（スキーマ・コアとも呼ばれます）があり，文脈によってそのスキーマと関連のある一つの意味がハイライトされているにすぎないのです。では，次の例文を考えてみましょう。term に共通するスキーマの意味がわかりますか？

(1) The Government's **term** of office expires at the end of this year.
（内閣の**任期**は今年で期限切れである）

(2) The **term** paper is due in two weeks.
（**学期**末レポートの提出期限は2週間後です）

(3) Mr. Geist uses so many technical **terms** in his lecture I can't make heads or tails of what he is talking about.
（ガイスト先生は，講義で専門**用語**が多すぎて，ちんぷんかんぷんだ）

(4) Under the **terms** of their contract, employees must give 3 months' notice before they intend to leave.
（彼らの契約の**条件**によれば，従業員は退職する場合，3か月前に申し出る必要がある）

(5) I had a serious argument with John last week, so I'm not on speaking **terms** with him.
（John とは先週，ひどい言い争いをしたので，現在，話のできる**間柄**ではない）

(6) In **terms** of money, I was better off in my last job.
（お金に関しては，前の仕事のほうがよかった）

term のスキーマは何らかの「枠・制限」と考えられます（『Eゲイト英和辞典』）。(1) と (2) は「時間の枠」，(3) の「用語」というのはそれが指す範囲が定義されているという意味で一つの枠と考えられます。(4) は契約の条件ですが，条件は制約，約束でありこれも一つの枠と捉えることができますね。(5) は人間関係ですが，誰でも他人と良い関係 (be on good/friendly terms with)，悪い関係 (be on bad terms with)，話のできない関係

(be not on speaking terms) などのさまざまな関係にありますが、ある人と付き合いがあるということは、同じ枠の中に入っているとイメージできますね。(6) の In terms of X は「X に関しては」という意味で覚えますが、X という枠の中で考えればというイメージですね。つまり、これらの意味は、「枠」というイメージを維持しつつ、その枠をさまざまなものに当てはめることで多義に解釈が可能だと考えられますので、メタファー（類似性に基づく比喩）による意味の拡張と言えます。

つまり、人間は、恣意的（理由もなくたまたま）に一つの語をさまざまな意味で使っているのではなく、新しい意味は、もともとある意味と類似、隣接など何らかの関係があり、その語のカテゴリーに組み込まれたわけですから、全体で一つのネットワークを形成しているといえるのです。このような意味のつながりを意識して多義語を学習すれば、記憶しやすいばかりでなく、スキーマから文脈に合わせて、意味を推測することもできるようになります。

しかし、このような意味のつながり、拡張を理解するときに、一つ注意しておかなければならないことがあります。それは、河上 (1996: 50)、Littlemore (2009: 148) でも指摘されていることですが、メタファー、メトニミーなどによって語彙の意味が拡張したと理解しますが、このような認知的動機付けというのは、現実に存在する意味に関してなぜそのような意味が生まれたかの説明をし、理解するという性質のものであって、全く新しい意味を予測する性質のものではないということです。確かに、メタファー、メトニミーから考えれば、予測される可能性があるという意味で、将来、誰かが新しい意味である語を使い、それが多くの人に受け入れられれば慣習化する可能性はもちろんありますが。

5.2. 動的用法基盤モデルと英語学習

ここでは,多義語学習をする際に,心がけておくと役に立つ一つの重要な考え方を紹介します。それは,ラネカー (Langacker) という認知言語学者が提唱している動的用法基盤モデル (A Dynamic Usage-Based Model) という文法モデルです。この文法モデルでは,文法というのは,それぞれの言語話者がそれまでの言語生活で聞いたり,読んだりした言語表現の集大成であり,それらの具体的な言語表現の中から共通イメージが抽出された形で文法ルール(スキーマと呼ばれます)は立ち上がってくるというボトムアップ (bottom up) の考え方をとります。つまり,文法ルールがはじめから頭の中にあるのではなく,具体的な言語表現を覚えることがはじめにあり,文法は,それらの具体的な言語表現から帰納的推論によって立ち上がってくるという考えです。また,そのスキーマ(文法ルール)は言語習得の段階と共に動的に変化するのです。つまり,ある人がそれまでの人生で出会った言語表現の中にスキーマは立ち上がるわけですから,言語生活を送ると共に,さらに多くの言語表現に出会えば,それらの新たに出会った言語表現もカバーできるように文法ルールはより抽象度の高いものに変わっていくのです。言い換えれば,文法ルールははじめから完璧なものが頭の中に存在するのではなく,常に,進化していくものなのです。さらに,人が発話をする際には,いつでもスキーマ(文法ルール)を使って文を話したり,書いたりするのではなく,何度も使われ慣習化した表現は,直接その具体的な表現にアクセスされて使われると言われています。また,スキーマが使われるときも,次の図で言うと,スキーマ1 やスキーマ2 など下位レベルのスキーマが使われることが多く,スキーマ5 のような最上位のスキーマは全体をカテゴリー化す

第 5 章　多義語の意味も，比喩によってつながっている　　69

る働きで存在していることが多いと言われています（Langacker (2002: 265) 参照）。つまり，**認知文法では，文法には，慣習化された具体的な言語表現（units と呼ばれます）とそこから立ち上がったスキーマ（ルール）が共存するという考え方をとります。**（次の図参照）

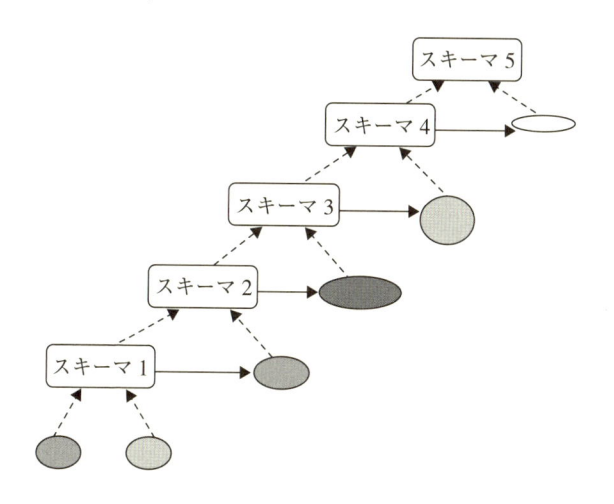

```
                                    スキーマ5
                               スキーマ4 ──→ ○
                         スキーマ3 ──→ ○
                    スキーマ2 ──→ ●
              スキーマ1 ──→ ○
                ↙     ↘
               ●       ○
```

　また，文法を各個人がそれまでの人生で出会った言語表現の集大成であると考えれば，当然，文法は一人一人異なるということになります。しかし，コミュニケーションに支障をきたさない範囲の違いであれば，その違いは意識されない性質のものだと言われています。ちなみに，文法が個人個人異なるということは，コミュニケーションにおいて，日常誤解が生ずることの説明にもなります。

　ではここで，動的用法基盤モデルに基づく言語使用について具体例で考えてみましょう。たとえば，動詞の過去形を例に考えてみますが，went（＜go），said（＜say），told（＜tell），studied

(＜study)などの表現が，その言語話者にとって頻繁に使われる表現であれば，went, said, told, studied という具体的表現が units として頭の中の文法知識に入っているので，それらに直接アクセスして用いられるのに対し，たとえば，implement（実行する）という動詞の過去形をあまり使ったことがない話者が使う場合は，V＋ed と，動詞に ed を付けることで過去を表すという文法ルール（スキーマ）にアクセスして，implemented という語を生み出すと考えられています。

　以上の動的用法基盤モデルの考え方から多義語学習の方法を考えますと，まず，具体的な例文とともに個々の意味を学習し，違った意味で使われていると思われる例にいくつか出会った段階で，共通の意味を学習すれば，それまで出会ったことのない使われ方に初めて出会った場合でも，それまでに蓄えた文法（具体的な表現とスキーマ）から意味の推測が可能ではないかと思われます。また，初めからすべての事例をカバーできるような抽象度の高いスキーマ（文法ルール）を学ぶのではなく，自分がそれまでに出会った具体的な言語表現から帰納的に立ち上がったルールを学び，学習が進むのと同時に，文法ルールの抽象度も上げていけばよいのです。

　以下では，以上述べてきた考え方で，いくつかの具体的な語彙を用い，多義語学習を紹介していきたいと思います。**ここでの例は，あくまでも一つの考え方です。**認知的動機付けというのが，既存の多義について，なぜそのような意味で使われるようになったかを予測するものであるということを考えれば，考え方はほかにもあり得るのです。**目標は，皆さんが，多義語を学ぶ際に，辞書や具体的な英語表現を参照し，自分自身で関連性を見つけ出し，多義語を具体事例とそのスキーマの意味からより効率的に覚えていくことの参考になればと思います。**

5.3. 動的用法基盤モデルで多義語を学習しよう！

ここでは，いくつかの単語を例に，動的用法基盤モデルの考え方を参照した多義語学習の方法の例を示してみたいと思います。

5.3.1. run

はじめに，次の三つの例文で run がどのような意味で使われているかを考えてみましょう。

(7) I **ran** to the bus stop, but I didn't make it in time.

(8) A small stream **runs** behind my house.

(9) The subway train **runs** every 10 minutes.

(7) は皆さんよくご存じの「走る」という意味ですね。「バス停まで走っていったが，間に合わなかった」(8) では，小川がある方向に途切れなく流れていますので，run が用いられています。「家の裏に小川が流れている」(9) は地下鉄について run が使われていますが，地下鉄もある方向へ途切れなく一定間隔で運行されていますね。「地下鉄は10分間隔で運行しています」

では，以上の例文から，動詞 run に共通するイメージ（スキーマ）を考えてみましょう。run のスキーマは，田中茂範氏も述べていますが，「何かが（ある方向に）休みなく動く・機能する」といった感じです。では，これらの知識を持って，次の英文では run がどのような意味で使われているかを考えてみましょう。

(10) Your nose is **running**.

(11) Sara **runs** a Spanish restaurant in this neighborhood.

(12) A brand new study reports that snoring tends to **run in the family**.

(10) は「鼻水が出ているよ」といった感じですが，これも run のスキーマで理解できますね。鼻水は，上から下へ流れているわけです。run とは関係ないですが，「鼻毛出てるよ」は英語でどのように表現するか知っていますか？ Your nose hair is showing. といいますね。ついでに「鼻血が出てるよ」は Your nose is bleeding. といいます。(11) は「経営する」という意味で覚えますが，経営するということは，レストランが潰れることなく，時間的に維持されていく感じですね。過去から現在，未来へと時間軸上を途切れることなく進んでいくイメージですね。(12) は「遺伝する」と解釈されますが，家系図を思い浮かべてください。いびきをかくということが遺伝して伝わってくるイメージで捉えれば，これも run ですね。つまり，家系図上を上から下へ run するイメージです。

では，run の最後に一つ応用問題です。次の文は，「今月は景気が低調だ」という意味を表しますが，ここでなぜ slow が使われているかわかりますか？

(13)　Business is **slow** this month.

一つの考え方としてですが，例文 (11) で挙げたように，「経営する」という意味で run が使えることと関係があるようです。run する速度が遅ければ，景気は低調ということになりますね。関連して，「今月は売上が好調だ」というのを Sales are picking up this month. と表現しますが，これも pick up speed「加速する」，と加速は run と関連することから使われているようにも思われます。

5.3.2. over

はじめに，次の二つの例文を考えてみましょう。

第5章 多義語の意味も,比喩によってつながっている　　73

(14)　The dog jumped **over** the fence.
(15)　There are some clouds **over** the mountains.

(14) は,「いぬが塀を飛び越えた」という意味,(15) は,「山の上に雲がある」という意味を表しますね。では,over のスキーマはどんな感じでしょうか?

over のスキーマは右の図のようになります (松本 (2003: 156–161),Lakoff (1987: 434) に基づく)。では,別の例文も考えていきましょう。

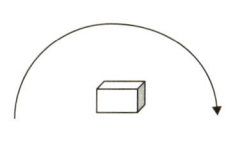

(16)　John's house is just **over** the hill.
(17)　Jack has been seeing Maria **over** the years.
(18)　School is **over**.
(19)　Let's talk about the issue **over** a cup of coffee.

ではここで,over のスキーマを基に,(14)–(19) の例文を考えていきましょう。

(14) (The dog jumped over the fence.) では,次の図に示されるように over のスキーマの全体がハイライトされていますね。

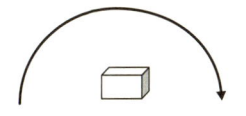

(15) (There are some clouds over the mountains.) では,次の図に示されるように,真上の部分がハイライトされています。

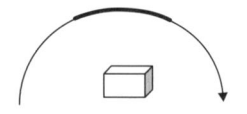

(16) (John's house is just over the hill.) では，常識から，家が空中に浮かぶということは，現在の科学技術では不可能なため，下の図の太線のボックスで表されるように，越えたところ（終点）がハイライトされ，「John の家は，丘を越えたところにある」という意味になります。

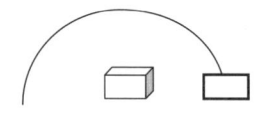

このように，言語表現の意味は言語以外の知識との相互作用で決まります。

　just over the hill に関して補足ですが，この表現は比喩的に，He's just over the hill.（もう若くない）という使われ方もしますが，これは，人生を旅に喩えたイメージが前提になっています。

　(17) と (18) は，空間ではなく時間上で over が比喩的に使われています。

　(17) (Jack has been seeing Maria **over** the years.) は Maria と何年も付き合っているという意味ですが，時間を超えて続いている感覚ですね。(14) の図を時間軸上でイメージしてみてください。

　(18) (School is **over**.) は「学校が終わった」という意味を表しますが，これも学校の時間を超えた時点に今自分があるという感覚です。(16) の図を時間軸上でイメージしてみるといいでしょう。日本語訳につられて，「学校が終わった」を School

was over. と表現する人がいますが,これは,過去のある時点で,学校が終わっていたという意味になりますので気をつけてください。たとえば,授業中だと思ったので,電話しなかったと言った友達に,その時間だったら,もう学校終わっていたよと言いたいのであれば,School was over then. と表現できますね。

(19) (Let's talk about the issue **over** a cup of coffee.) は「コーヒーでも飲みながら話そう」ということですが,コーヒーを挟んでその上で言葉のキャッチボールが行われているイメージを浮かべれば理解できますね(大西・マクベイ (1996: 18))。

5.3.3. pick up

次の二つの例文をみてみましょう。

(20) **Pick up** the receiver and push the red button, then dial 119.

(21) You can **pick up** whichever you like.

(20) は「受話器を取って,赤いボタンを押し,119をダイヤルしてください」という意味を,(21) は「好きなのをどれでも選んでください」という意味を表します。**pick up** のスキーマは,何

かを**取り上げるイメージ**です。では，次の例文もみてみましょう。どれも拾い上げるイメージが比喩的に用いられていることを確認してみてください。

(22) （スーパマーケットに行くという相手に）
Could you **pick up** some tomatoes while you are in the supermarket?

(23) I'll **pick** you **up** in thirty minutes.

(24) Nick **picked up** Japanese very quickly.

(25) Rob is always **pick**ing **up** girls at a bar.

(22) は，「スーパー行くなら，ついでにトマト買ってきてくれる？」という意味になります。店で，商品を取り上げるということは，買うということですね。万引きではないのでご注意を。ちなみに，「万引きする」は，shoplift と言います。

(23) は，「30分後に車で迎えに行くよ」という意味です。人を車で拾うイメージですね。ちなみに，駅まで誰かを車に乗せていき，降ろしてあげる場合はどう言いますか？ そうですね。I'll drop you off at the station. ですね。drop は「落ちる／落とす」イメージ，off は「離れる」イメージから，人を車から降ろすイメージが連想できますよね。

(24) は，「ニックが日本語をすごく早く習得した」という意味ですが，言葉を獲得するのも pick up のイメージで理解できますね。

(25) は Rob が女の子を pick up する，つまり，ナンパするということです。

5.3.4. share

次の例文をみてみましょう。

第5章 多義語の意味も,比喩によってつながっている　　77

(26) Let's **share** a pizza together.

(27) Maria **shares** an apartment with two other students.

(26)は,1枚のピザをみんなで分けようと提案している表現です。

(27)は,「マリアが2人の学生とアパートに一緒に住んでいる」ということですね。**share のスキーマは共有すること**です。では,次の例はどうでしょうか?

(28) The last train has already left. Let's **share** a taxi.

(29) Does anyone have any stories to **share** with us today?

(28)は,「終電に間に合わなかったので,タクシーに一緒に乗って帰ろう」という意味です。ちなみに,share an umbrella はどうでしょうか? そうですね。1本の傘に一緒に入ることを表します。

(29)は「誰か何か皆に話すことはありますか?」という意味ですが,話を共有するためには,話せば共有できますよね。つまり,話すというのは話を共有するためのプロセスといえます。Does anyone have any stories to tell us? と言えば,**話すというプロセスがハイライト**された表現ですが,share を用いれば,**話した結果,話の内容が共有されたという面がハイライト**されていますね。(下の図を参照:□はメッセージを表します)

tell　　　　　　　　　share

また、株式会社の「株」のことを share と言いますが、これも share のイメージさえ掴んでおけば、なぜかわかりますね。株も分けて所有するものだからです。

5.3.5. due
まず、次の例文の意味を考えてみましょう。

(30) When is the math homework **due**?
(31) The assignment is **due** on July 31.

(30) は、「数学の宿題の提出期限はいつ？」という意味です。
(31) は、「課題の提出期限は 7 月 31 日です」という意味です。
due のスキーマは「何かが起こることが予想される」という感じです。何が起こるべきであるかは、文脈や背景知識から推論されます。宿題や課題に関して、当然起こるべきことは、この文脈からは提出することですね。では、次の例も考えてみましょう。

(32) The rent is **due** tomorrow.
(33) The baby is **due** next Friday.
(34) Today's classes were cancelled **due** to heavy snow.

(32) は家賃が明日 due であるということですから、明日が支払期限ということですね。

(33) は赤ん坊が今度の金曜日に due ですから、生まれる予定ということがわかりますね。

(34) は高校時代から最もよく習った例文だと思いますが、due は「何かが起こる」、to は「ある場所や行為に向かい、到達するイメージ」ですから、ここでは、大雪という出来事を目の前にして起こるべきことに、授業が休講となったという意味になります。よって、due to A という形で、「A という出来事を目前

にして，当然起こるべきこととして（当然されなければならないことに）」という意味を表しますので，「A のために」という意味で教えられることが多いわけですね。

5.3.6. leave

leave がどのような意味で使われているかに注意して，次の例文をみてみましょう。

(35) The train had already **left** when I got to the station.
(36) She **left** her umbrella on the bus.

(35) は「駅に着いた時には，電車は出ていた」という意味。(36) は「彼女はバスに傘を置き忘れた」という意味を表しますね。こ

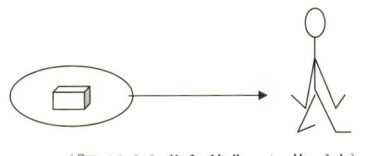

（『E ゲイト英和辞典』に基づく）

の二つの意味は，一見，無関係のように思えるかもしれませんが，leave のスキーマが上の図に示されるように「何かを持っていかないで（そのままの状態にして）去る」であることを理解すれば，二つの意味は「去る」という部分か，「何かを持っていかない」という部分のどちらを言語化しているかの違いに過ぎないとわかりますね（図と地の反転: 1.2 節参照）。

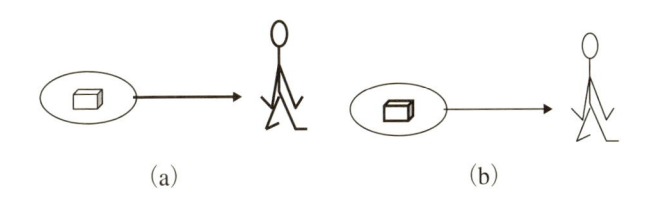

(a)   (b)

つまり，図 (a) のように，ある人がある場所から移動したとい

う部分がハイライトされれば例文 (35) の意味に，図 (b) のようにある人がある場所から移動した結果，何かが後に残された点がハイライトされれば，例文 (36) の意味になるわけですね (松本 (2003: 99) 参照)。では，次の例文 (37) はどうでしょうか？

(37)　I **left** my homework home.

(37) では，my homework home という状態のままにしておくということ，つまり，「宿題を家に置き忘れてきた」という意味になりますね。やったのに，置き忘れたわけです。宿題をするのを忘れた場合は，I forgot my homework. となりますので，こちらも確認しておきましょう。

ちなみに，my homework home のように X と Y，二つの要素が並んで置かれた形を並置と呼びますが，そこには普通，X be Y か X have Y の意味があります。どちらの意味になるかは文脈から判断しますが，ここでは，my homework is home という状態と考えればいいですね。よりスキーマ的 (抽象的) に書けば，leave [X Y] で，「X be Y の状態のまま放っておく」という意味になります。たとえば，Who left the light on? だったら，「電気つけっぱなしにしたのは誰？」，Someone must have left the door unlocked. なら，「誰かがドアに鍵をかけ忘れたに違いない」となりますね。

5.3.7. charge

動詞 charge がどのような意味で使われているかに注目して，次の三つの例文の意味を考えてみましょう。

(38)　**Charge** the battery for at least 15 minutes before you use the cell phone.

(39) That café's prices were outrageous. They **charged** 1500 yen for a cup of coffee.
(40) He was **charged** with drunken driving.

(38)は「携帯を使う前に，15分間バッテリーを充電しなさい」という意味で，ここでのchargeは「充電する」という意味を表しています。(39)は「あのカフェはひどかったよ。珈琲一杯で1500円もしたよ」という意味で，ここでのchargeは「代金を請求する」という意味で用いられています。(40)は「彼は，飲酒運転で告発された」という意味で，ここでのchargeは「訴える」という意味で使われています。

では，これら三つのchargeに共通するイメージは何だと思いますか？ chargeは語源的に，「馬車に荷を積む」という意味があります。荷が積まれれば，馬には負荷がかかりますね。chargeには，「何らかの負荷・負担をかける」というスキーマの意味があると考えられます。ざっくり言えば，下の図で表されるように，何かを何かに載せるイメージです。このように考えれば，例文(38)，(39)，(40)の一見無関係に思われる意義がつながりませんか？「充電する・請求する・告発する」という意味はいずれも何らかの負荷・負担をかけるというイメージでつながっていますね。

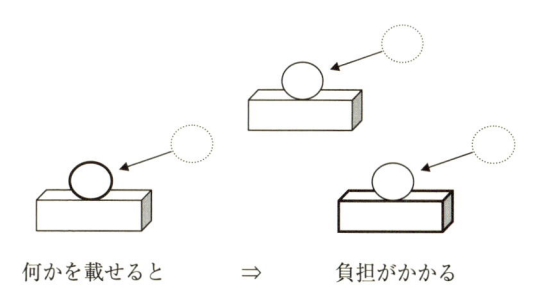

何かを載せると　⇒　負担がかかる

5.3.8. notice

ここでは，名詞 notice について見てみましょう。まず，(41) の文の意味はいかがでしょうか？

(41) There was a **notice** on the door that the store had closed down.

そうですね。「店じまいしたという知らせがドアに貼ってあったよ」という意味で，ここでの notice は「知らせ，アナウンス」の意味で使われていますね。では，次の文脈での notice はどうでしょうか？

(42) When you have decided to quit your job, you should give the company three months' **notice**.
(43) **I'm sorry for the short notice, but** we'll be having a dinner party tonight. Would you care to join us?

(42) は，「会社を辞める場合には，3か月前に届けなければならない」，(43) は「連絡が直前になって申し訳ないですが，今夜，食事会があるのですが，来ませんか？」ということですね。文全体のメッセージはこのような感じですが，notice を「知らせ」と訳して，(42)，(43) の文が理解できるでしょうか？ 理屈を考えるよりも，何度もこれらの表現を口にして，覚えてしまうのはもちろん重要ですが，合わせて，英語の捉え方についても考えておくと，理解がより深まり，この表現の習得に役立つものと思われます。ここでも次のように，事態のどの部分がハイライトされるかで考えてみると納得ができると思います。皆さんは，何かの知らせを受けたらどうしますか？ そうですね。起こるであろう事態に対して準備しますよね。今，次の図のように，知らせを受けた時点を○，起こるべき事態を□，準備期間を→で表すとしま

しょう。

(A)　　　　　(B)

例文 (41) では，(A) 図で表されるように，知らせのあった部分 (○) がハイライトされた表現であるのに対し，例文 (42)，(43) では，(B) 図で表されるように，知らせを受けたので準備するという，準備期間がハイライトされた表現と考えてはいかがでしょうか？ (42) では，辞表を出してから辞めるまでの期間が 3 か月。(43) では，知らせを受けてからパーティーまでの時間が短いということがハイライトされていますね。

5.3.9. work

次の例文 (44)，(45) をみてみましょう。

(44) Robert **work**s at a bank.
(45) I'm **work**ing part-time at a convenience store twice a week.

これらは，皆さんよくご存じの work の使い方で，work =「働く」と覚えていても意味が理解できる例ですね。それぞれ次のような意味を表します。

(44) 「ロバートは銀行に勤めている」
(45) 「私は，週に 2 回コンビニでバイトしています」

では，次の例文 (46) と (47) はどうでしょうか？

(46) This air-conditioner is not **work**ing.

(47) I tried this medicine. It **worked**.

(46) は「エアコンが作動しない」, (47) は「この薬使ったことあるけど, 効いたよ」という意味を表します。つまり, 機械や薬がその機能を果たすという意味でも work は使えるわけですね。

では, 次の例 (48) はどうでしょうか？

(48) I'm sure your plan will **work**.

(48) は,「君のプランはきっとうまくいくよ」という意味を表します。つまり, 計画などが, うまく進むという意味でも使えるわけです。

では, work のスキーマはどんな感じでしょうか？「何かが自発的に働き, その機能・効果を発揮する」といったイメージですね。また, work には名詞では「作品」という意味がありますが, そのつながりがわかりますか？ 仕事をした結果できたものと考えるといいですね。

5.3.10. since

since については, 次の (49)「～以来」, (50)「～なので」の意味がある, と皆さんは習ったことがあると思いますが, これらの二つの意味の関連性はわかりますか？

(49) I've been practicing curling **since** I was seventeen.
(17歳の時からずっとカーリングをやっています)

(50) **Since** I ate and drank much more than you two, I should pay more.
(僕は君たちよりずっとたくさん飲んで食べたから, 多く払うべきなんだよ)

一見,「〜以来」という意味と「〜なので」という意味は関係がないように思いますが,実は,抽象的なレベルでは,どちらも**何かの起点・出所**という共通のイメージがあるのです。(49)は時間の上での起点,(50)は原因や理由は何かが起こる起点と捉えられますね。

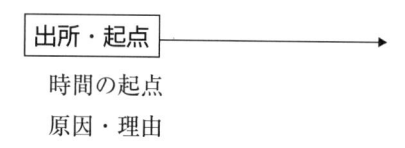

　　　出所・起点　────────────▶
　　　時間の起点
　　　原因・理由

5.3.11. through

さて,皆さんは,前置詞 through のイメージをご存知ですか？次の図で表されるように,何かが何かを突き抜けるイメージを表します(『E ゲイト英和辞典』, Lee (2001: 39) 参照)。

では,このイメージを念頭に置いて,次の例文の意味を考えてみましょう。

(51)　The car is driving **through** the tunnel.

ここでは,進行形が用いられていますね。進行形の基本イメージは,「途中」です。車がトンネルを through している途中ということですから,車がトンネル内を走っているという状況を表す文ですね。つまり,through のイメージで,その経路の一点がハイライトされているわけです。

(52) There is a castle **through** the tunnel.

ここでは,「トンネルの向こうにお城が見えるよ」という意味を表します。背景知識より, お城は動くものではありませんので, トンネルを出たところ (つまり, through したところ) にお城があるということですね。つまり, through のイメージの終点がハイライトされています。

(53) Are you **through** with the copier?

これは, 比喩的な使い方です。コピー機の使用, つまり, コピーをするという行為が through したかどうかを訊いています。パラフレーズすれば, Have you finished the copies? (コピー終わりましたか?) ということですね。ちなみに, 何が終わったかを言わなくてもわかる状況で,「終わった?」と訊きたいなら, Are you through? ということもできます。

(54) Hold on a minute. I'll put you **through** to the customer service now.

これも, 比喩的な使い方です。「しばらくお待ちください。カスタマーサービスにおつなぎします」の意味で, 電話で用いられる表現ですが, 電話の内線で through してカスタマーサービスにつなぐので接続の意味で到達点を表す to が用いられています。

(55) I'm **through** with her.

これも比喩的な表現ですが, 彼女との関係が through した。つまり, I broke up with her. (彼女と別れた) という内容も, through を使ってこのように表現することができます。

最後に, 大学入試センター試験でも, through のイメージを理

解しておけば容易に答えることができる問題が出題されていますので，みてみましょう。

(56) "Have you handed in the English assignment?"
"No, but I'm halfway (　　) it."
① across　② around　③ over　④ through
(2010 センター試験：第 2 問 A：問 1)

「英語の課題提出した？」「いや，でも半分は終わったよ」という対話ですが，半分まで突き抜けたイメージから，半分終わったという内容が表されていますね。上で紹介した例文 (53) の through と同じ使い方です。

5.4. 前置詞の多義——経路焦点と終点焦点

5.3 節で over と through について説明した内容を思い出してください。over や through では，そのイメージの経路全体がハイライトされる意味と，終点がハイライトされる意味がありましたね。これを一般化して，抽象レベルでのイメージを図示すると次の図のようになります（松本 (2003: 104-106) 参照）。

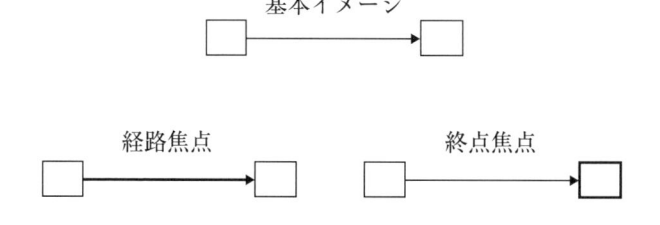

基本イメージ

経路焦点　　　　　　　　　終点焦点

出発点—経路—終点を表す一連のイメージで，その経路がハイライトされる場合と終点がハイライトされる場合があります。これ

も背後には「図と地の反転」という認知能力がかかわっていると考えてもいいですね。そして，この概念は，over と through だけでなく，他の言語表現にも応用できます。では，次の (57)–(61) の例文で，(a) と (b) はそれぞれどのような意味を表すかを上のイメージ図を念頭において考えてみましょう。

(57) a. Michael walked through that doorway.
  b. The passport office is through that doorway.

この例は，5.3 節の through を思い出してもらえば，わかりますね。(57a) は，「マイケルが戸口を通り抜けて歩いて行った」という内容を表し，下の図 (a) で示されるように，through によって表される経路がハイライトされています。これに対し (57b) では，「パスポートオフィスは戸口を出たところにあります」という内容を表し，下の図 (b) で示されるように，through の終点がハイライトされています。

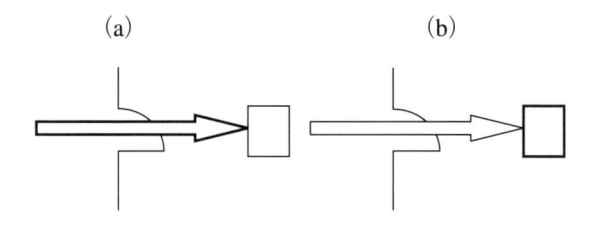

(58) a. Steve walked across the street.
  b. Steve lives across the street.

across の基本イメージは，次の図に表されるように，通りなどを横切るイメージです。

第 5 章　多義語の意味も，比喩によってつながっている　　89

(58a) では，下の図 (a) に表されるように，基本イメージの経路がハイライトされ，「スティーブは通りを歩いて渡った」という意味を表すのに対し，(58b) では，下の図 (b) で表されるように，基本イメージの終点がハイライトされ，「スティーブは通りを渡ったところに住んでいる」という内容を表します。

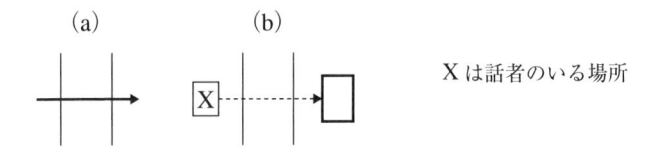

(a)　　　(b)

X は話者のいる場所

(59) a.　Bev ran down the stairs.
　　 b.　Bev's office is down the stairs.

この例では，(59a) は「ベブが階段を走って降りた」という意味で，下の図 (a) に示されるように経路がハイライトされているのに対し，(59b) では，「ベブのオフィスは階下にある」という内容を表し，下の図 (b) に示されるように，階段を降りるという行為の終点の位置，つまり，下の階がハイライトされています。

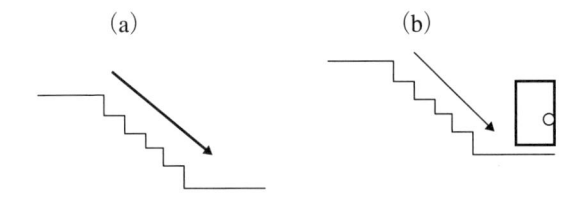

(a)　　　(b)

(60) a. Stephanie walked around the corner.
　　b. Stephanie lives around the corner.

この例では, (60a) は下の図 (a) で表されるように,「ステファニーが角を曲がって歩いていった」ということで around the corner という経路全体がハイライトされていますが, (60b) では下の図 (b) で表されるように, 自分のいる位置が☆マークの位置だとした場合, 角を曲がったところ, つまり, around the corner の終点がハイライトされ, そこにステファニーが住んでいるという内容を表します。

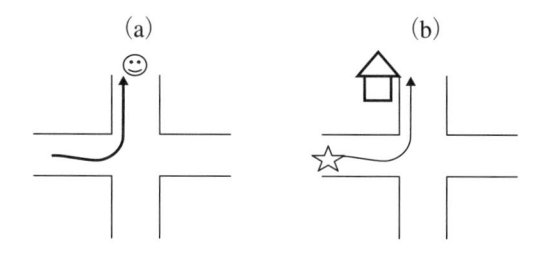

(61) a. Nick walked past the café.
　　b. Nick's house is 50 meters past the café.

この例では, (61a) は「ニックがカフェの前を歩いて通り過ぎた」という意味を表し, 下の図 (a) のように経路がハイライトされます。それに対し (61b) では,「ニックの家はカフェを 50m 行った先にあります」という意味で, 下の図 (b) のように終点がハイライトされます。

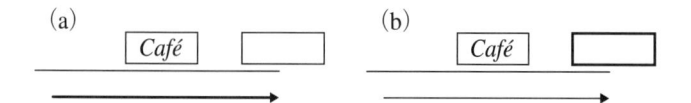

第5章　多義語の意味も，比喩によってつながっている　　91

では最後に，一つ クイズ を考えてみましょう。次の英文は，二つの解釈ができますが，それぞれどのような状況を表すか，絵を描いてみましょう（田中 (2006) 参照）。

(62)　There is a tree lying across the street.

一つの状況は，下の図 (a) に示されるように，木が通りを横切って倒れている状況です。across のスキーマで，経路がハイライトされているという解釈ですね。もう一つの解釈は，自分が今，ニコニコマークの位置にいるとした場合，そこから across した位置に木が倒れているという解釈ですね。この場合は，across のスキーマで，終点がハイライトされている解釈です。また，ここでは，(58) の walk across のように，実際の移動はありませんが，木が通りをふさいで倒れている事態を視線で追えば，歩いている人を視線で追う場合と同じ移動が行われることから，実際の移動がない場合でも across を使うことができます。

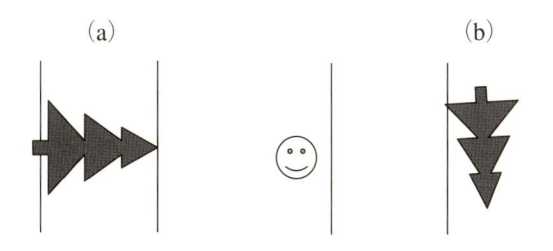

　　　　(a)　　　　　　　　　　　　(b)

以上見てきましたように，形が同じであれば，そこには共通の意味・イメージがあり，文脈との相互作用で，そのイメージのある部分がハイライトされて，共通のイメージは共有されるが，違った意味を表すことができるのです。これが，多義のメカニズムと言えます。

第 6 章

形と意味 I（英語の基本構造）

6.1. 英語では，語順が大切

次の日本文を見てみましょう。

(1) a. 太郎は花子のことが好き。
    b. 花子のことが太郎は好き。
    c. 好きなんだよね。花子を太郎は。

(1a-c) では語順が変わっていますが，意味はどうでしょうか？
日本語では，語順が変わっても意味は変わりませんね。
　では，次の英語の文はいかがでしょうか？

(2) a. John **loves** Mary.
    b. Mary **loves** John.
    c. Loves Mary John.—???

(2a) は「John が Mary を好き」という意味を表すのに対し，
(2b) は「Mary が John を好き」という意味を表すことになり，
語順が変われば意味が変わってしまいます。さらに，(2c) は意味不明の文になってしまいます。日本語では，語順が変わっても

意味に変化はありませんでしたが，**英語では，語順が非常に重要な意味を持つ**のです。

　もう一つ，語順が変われば意味が変わる例をみてみましょう。

(3)　I met the girl in the library.
(4)　The girl *I met in the library* is Maria.

(3) では，「私はその女の子に図書館で会った」という意味を表しますが，(4) では，The girl *I met in the library* is Maria. と語順が変わり，「私が図書館で会った女の子はマリアです」という意味になります。下線部に注目してくだい。語順が変わることで意味が変わっていますね。詳しく言えば，(3) と (4) ではフォーカスが変わっています。(3) では私が話題の中心ですが，(4) ではその女の子が話題の中心になっています。

　では，英語の最も基本的な語順からみていきましょう。動詞の前後に要素が置かれている「● V □」という形です。この形では，● から □ へ何らかの力が及んでいるイメージが基本です。以下の例文をみてみましょう。

(5)　Carpenters **build** houses.
　　（大工が家を建てる）
(6)　Doctors **prescribe** medicine.
　　（医者が薬を処方する）
(7)　Mail carriers **deliver** letters.
　　（郵便配達人が手紙を配達する）

　　　　　　　　　　　　　　　（例文 (5)-(7) は藤掛 (2008) より）

いずれも，動詞の左から右へ力が及んでいますね。

6.2. 受動態の意味

では，(5)-(7) を受動態にした，以下の (8)-(10) の文はどうでしょうか？ 受動態では，be 動詞の意味と過去分詞の意味がポイントになります。後ほど詳しく述べていきますが，**be 動詞のイメージは「ある状況にある・置かれている」**です（6.4 節参照）。**過去分詞のスキーマはラネカーという認知言語学者によれば，動詞の表すプロセスの最終段階**を表します。動詞の表すプロセスというのは，行為者がある人やものに対して，働きかけを行うというのが基本イメージです。**動詞の表すプロセスの最終段階**というのは，①行為を行う側から受ける側へ行為が及ぶという側面をハイライトすれば，**行為を受ける側**を表します。②また，行為に必要な時間の経過をハイライトすれば，行為というのは，始まり→途中の経過を経て→完了しますので，時間的な最終段階としては，**完了した状態**がフォーカスされます。したがって，過去分詞は，受動態（行為を受ける側にある）と完了形（行為が完了した状態）で使われるわけですね（6.8 節の「過去分詞のイメージ」を参照）。

よって，ここでの受動態（be + 過去分詞の形）では，主語に置かれたものが，行為を受ける側にあるという意味になります。

(8)　Houses **are** *built* by carpenters.
　　　（家は大工によって建てられる）
(9)　Medicine **is** *prescribed* by doctors.
　　　（薬は医者によって処方される）
(10)　Letters **are** *delivered* by mail carriers.
　　　（手紙は郵便配達人によって配達される）

ちなみに，受動態の場合，〜によってという意味で by が使わ

れますが,なぜか知っていますか？前置詞 by のイメージは何でしょうか？

前置詞 by のイメージは,「近くにある／接近」です。次の例文 (11) のように使いますね。

(11) Look at the cat lying **by** the window.
 (窓の側で横になっている猫を見て)

では,受動態の場合に by が用いられる例文をみてみましょう。

(12) This picture was painted **by** Millet.
 (この絵はミレーによって描かれた)

この場合は,「この絵が描かれたときに,そばにミレーがいた」というイメージから,ミレーによって描かれたという意味を表しています（田中 (2006)）。by の意味は,あくまで「側に」なので,by の後に,側にいるだけで影響があるような人物や事物が置かれた場合,「～によって」の意味を表します。影響を与えないと解釈される語が置かれると,不自然な文になってしまうことが多いようです。では,もう一つ質問です。次の例文 (13) で by が使われているのはなぜかわかりますか？

(13) I'll be back **by** ten.
 (10時までに戻ります)

10時に近くなったらということから,「10時までに」という意味になります。10時を過ぎれば,10時から遠ざかるイメージなので,10時前を表すわけですね。では,次の例文 (14) の by はどうでしょうか？

(14) I'll send you the file **by** email.
 (メールでファイルを送ります)

ファイルを送るときに側にメールがあれば、手段として使うというイメージですね。

6.3. S＋V／S＋V＋□：「単なる行為」と「対象に何らかの力が及ぶ行為」

次の例文が表す意味を考えてみましょう。

(15) a.　I'm **walking** □.
　　 b.　I'm **walking** a dog.

(15a) では、主語である私が単に歩くという行為を行っていることを表していますが、(15b) では、歩くという行為が犬に及んでいますね。だから、犬を散歩させていることになります。先ほどもお話ししましたが、動詞の前後に要素が置かれている形 (S＋V＋□という形) では、S (主語) から □ へ何らかの力が及んでいるイメージが基本でしたね。では、いくつかの例文をみてみましょう。

(16)　LOOK
　　 a.　**Look** □!
　　 b.　**Look** □ *at* the dog wagging its tail over there.
　　 c.　I'm **look**ing □ *for* my car key.
　　 d.　The police are **look**ing □ *into* what caused the traffic accident.

(16) は look ですが、**look の意味は「目を向ける」**です。日本語訳では see と似ていますが、**see のほうは「何かが視界に入ってくる」**という意味です。see は後に続く対象が行為に含まれているのに対し、look は単なる行為を表す動詞です。前置詞が続く

ことで目を向ける場所が指定されて,さまざまな意味を表すことができます。では,例文を順番にみていきましょう。(16a) は単に,「目を向ける」という意味ですから,相手の注意を引くために使われる表現です。(16b-d) は後続する前置詞によってどこに目を向けるかが示されています。(16b) は at によって目を向ける場所が指定されていますので,「向こうで尻尾を振っている犬を見て」となります。(16c) では,ある方向へ向かうイメージの前置詞 for が使われています。目を向ける方向,求める方向が示されているのです。よって,車の鍵がある方向に(車の鍵を求めて)目を向けていますが,まだ届いていない感覚ですので,「車の鍵を探している」となるわけです。ちなみに,前置詞 to は到達した感覚に対し,for はある方向を向いていますが,まだそこには到達していません。(16d) では,中まで入っていくイメージの前置詞 into が使われています。中まで目を向けるということから,「調べる」というイメージになるわけですね。

(17) RUN
 a. My father **runs** □ *three times a week*.
 b. He **runs** □ *in the park/along the river*.
 c. A man is **running** □ *down/up the stairs*.
 d. The train is **running** □ *through the tunnel*.
 e. My father **runs** a bakery .

(17) の run のスキーマは「何かがある方向に途切れることなく動く」というイメージです。(17a-d) は,先ほどの look 同様に,対象に力が及ぶことがない単なる行為を表し,後続要素によって,run する場所や頻度が表されています。(17a) は,three times a week が「週3回」という意味を表しますので,「父は週に3回走る」,(17b) では,in the park で公園を容器の

イメージで捉え，その中で run という行為が行われる感覚を，along は「何かに沿って」というイメージを表しますから，「彼は公園で／川沿いに走る」，(17c) は，up は上方向，down は下方向を表しますので，「男が階段を走って降りている／昇っている」，(17d) では，through が突き抜けるイメージを表しますから，「列車がトンネルをくぐり抜けている途中」を表します。一方，(17e) では run の後ろに a bakery が置かれていますので，a bakery に run する行為が及んでいることになります。パン屋をある方向に途切れないように動かすとはどんなイメージでしょうか？ 比喩的な意味合いが出てきますが，時間軸を未来へ向けて動かすと考えるとよいでしょう。つまり，止まらないように(潰れないように)「経営する」ということですね。

(18) STAND
   a. The girl **standing** □ *against the bookcase over there* is my type.
   b. I thought Yuko had left, but her umbrella is **standing** *against the wall*. She must have left it.
   c. Rob is always bragging. I can't **stand** i̅t̅.

(18) の stand は「立つ」ですが，(18a) では単なる行為を表し，「本棚にもたれかかって立っている女の子が私の好みのタイプだ」という意味を表します。(18b) は，「裕子は帰ったと思ったけど，傘が壁に立てかけてある。忘れたに違いない」という意味内容を表しますが，umbrella (傘) が壁に立てかけてあるということで，単に傘がどのような状態にあるかを表しているだけですね。against 以下の部分では，stand という行為が行われている場所が示されていますね。ちなみに，**against のイメージは作用・反作用，相互に押し合う感覚**ですので，寄りかかったり，立てかけ

る場合に用いられます。Are you for or against the cloning?（クローン技術に賛成ですか，反対ですか）のようにも使えます。一方，(18c) は，it (Rob が自分の自慢ばかりすること) に対して，それを（支えて）立っていることができないというイメージですので，ここでは比喩的に「我慢できない」という意味を表します（4.3 節参照）。

では，ここで クイズ です。次の (19) で (a), (b) の意味の違いがわかりますか？どちらがふつう用いられる文でしょうか？（田中 (2006) 参照）

(19) a.　Someone is knocking the door.
　　 b.　Someone is knocking on the door.

答えは (19b) です。(19b) が「誰かがドアをノックしているよ」という意味を表します。つまり，ノックするという行為が，ドアに接触するところ (on のイメージ) で行われているわけですね。一方，(19a) は，ノックするという行為の力が，ドアに影響を及ぼしていますので，ドアが壊れるくらい叩いているという意味に解釈されます。つまり，Someone is knocking the door down. ということです。

では，もう一つ クイズ です。次の (20) では，（　）に (a) と (b) のどちらを入れるのが適切ですか？

(20) (　　　　　), but he missed it.
　　 a.　Larry hit the ball
　　 b.　Larry hit at the ball

正解は，(20b) ですね。(20a) の hit the ball だと hit の力が ball に及んでいますので，「ラリーはボールを打ったが，逃した」という意味になり，前半では打ったと言い，後半では逃したと言

い，わけのわからない，矛盾した文になってしまいます。(20b) では，「ラリーがボールの飛んでくる場所で，打つという行為をした」，つまり「ラリーはボールを打とうとしたが，当たらなかった」という意味になり，自然な表現となります。hit at the ball では，ボールにバットが当たったかどうかは言及されていません。同様なことは，次のペアでも言えます。鳥を撃ったのはどちらでしょうか？

(21) a. He shot the bird.
b. He shot at the bird.

そうですね。正解は (21a) です。(21b) は鳥を狙って撃っただけで，当たったかどうかはわかりません。ここで一つ確認ですが，日本語では，「ボールを打ったが，当たらなかった」と表現した場合，前半の部分は，必ずしも，ボールに当たったことを意味しませんが，英語では，He hit the ball. というと当たったことまで含意します。これも，英語は日本語には訳せない，訳すからわからなくなる例ですね。

6.4. be 動詞

ここでは，be 動詞を用いた文をみていきましょう。X be Y の基本イメージは右の図のようになります（田中・川出 (1989: 57)）。X が Y という状況にあるという感じです。Y のところに置かれる要素は，X がどのような状態にあるかを説明しています。

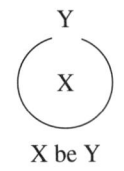

(22) a. X be Y の基本イメージは，X が Y の状態で存在することを表す。
　　b. X be Y のイメージを図示すると上の図のようになる。

では，例文をみていきましょう。

(23) <u>John</u> is **a student**.

ここでは，**ものを表す言葉（名詞）**（a student）が be の後に置かれていますが，a student というのは，世の中に多くいる学生の 1 人を表します。つまり，John が世の中に多くいる学生の 1 人だと言っているわけですね。

(24) <u>He</u>'s **busy**.

ここでは，**様子を表す言葉（形容詞）**（busy）が be の後に置かれています。彼が，忙しいという状況にあるということですね。

(25) <u>He</u>'s **in the library**.

ここでは，**前置詞＋名詞という形で，空間における位置**が表されています。つまり，彼が図書館にいるということですね。ちなみに，この形は，比喩的には，He's **in love**. のように**心理的空間における位置**を表し，彼の気持ちが恋愛状態にある，つまり，彼は恋愛中ということも表せます。

(26) <u>He</u>'s **listening to music**.

ここでは，**動作の途中**（動作を行っている途中）を表す表現（V-ing 形）が置かれています。彼が，音楽を聴くという行為の途中にある，つまり，「音楽を聴いています」ということですね。

(27) He's **bored**.

ここでは，**行為の影響を受ける側**である状態を表す表現（V-en 形）が置かれています。退屈な状態になるには，退屈させる原因とそのために退屈な状態に置かれる人が存在しますね。何かの原因があって，彼が退屈しているということですね。ちなみに，彼が退屈しているという意味では，He's boring. としないように注意してくださいね。boring とすると，彼が退屈の原因，つまり，つまらない人だという意味になってしまいます。

以上のように，be 動詞の後には，例文 (23)-(27) で示した後続要素が置かれますが，いずれも，主語がある状況に置かれているということが表されていますね。コラムで，さらに例文を挙げておきますので，慣れてみてください。

コラム　X be Y は X が Y という状況にある

(a) I'm *a morning person / a dog person / a sophomore*.
（私は，早起き／犬好き／大学 2 年生です）

(b) I'm *miserable / happy / thirsty / hungry / angry*.
（私は，落ち込んでいる／幸せ／喉が渇いている／お腹が空いている／怒っている）

(c) I'm *in the classroom / in love / in trouble / on another line / between jobs right now*.
（私は，教室にいます／恋愛中です／困っている／他の電話に出ています／現在仕事と仕事の間にある（つまり仕事がない））

(d) I'm *drinking / studying / checking emails / texting*.
（私は，お酒を飲んでいます／勉強しています／メールをチェックしています／携帯メールを打っている）

(e) I'm *stressed out* / *depressed* / *tied up* / *exhausted* / *impressed*.
(私は，精神的に疲れきっている／落ち込んでいる／忙しい／疲労している／感動している)

6.5. 並置

さて，ここでは並置という形をみていきましょう。並置については第13章で詳しく説明しますので，ここでは6.4節でみた be 動詞との関連で簡単に触れたいと思います。では，次の例文をみてみましょう。

(28) <u>You</u> **idiot**!
(この馬鹿もの！)

(29) <u>You</u> **okay**? / <u>You</u> **sure** about that?
(大丈夫？／本当にいいの？)

(30) "The battery of the clock is dead." "You mean <u>the clock</u> **on the wall**?"
(「時計の電池が切れてるよ」「壁の時計のこと？」)

(31) "Which girl is your type?" "<u>The girl</u> **texting on her cell phone**."
(「どの子が君の好みのタイプ？」「携帯でメールしてる子」)

(32) "I don't think Nick will join us tonight." "Which Nick are you talking about?" "<u>The Nick</u> **dumped by Shelly**."
(「ニックは，今夜は来ないと思うよ」「どのニックのこと？」「シェリーに振られたニックだよ」)

(28) は，You are an idiot! ということですが，感情が高まり，

怒って言う場合には、単に You と idiot を並べて置いた形がよく用いられます（大西 (2006)）。(29) は、丁寧に言えば、You are okay? (Are you okay?) / You are sure about that? (Are you sure about that?) ということですが、インフォーマルな会話では単に並べて置かれることがあります。要は、このように X と Y という二つの要素が並んで置かれていれば、その意味は、X BE Y と be 動詞によってつながれた場合と同じということです。(30) は前置詞＋名詞、(31) は V-ing 形、(32) は V-en 形といずれも be 動詞の後に置かれる形ですが、例文 (30)–(32) に示されるように、すべて並置としても使われるのです。

6.6. S＋V＋□＋■：動詞の後に続く並置

この並置という形は、動詞の後続要素としても置かれることがよくあります。この形を理解すれば、随分多くの英文を理解したり、生み出したりすることができるようになります。また、第 13 章では詳しく述べますが、並置を理解すれば、これまでさまざまな構文として別々に習ってきたものを系統的に整理し、簡単に理解できます。では、ここでは基本的なものをいくつかみていきましょう。

(33)　I like my coffee **weak**.
　　cf.　I like weak coffee.

ここでは、coffee is weak という関係が成り立っています。つまり、「コーヒーは薄いのがいい」ということですね。ちなみに、*cf.* の文は少し意味が違います。weak coffee と coffee の前に weak という説明語が置かれていますので、a yellow hat と同じように、後に続くもののカテゴリー化をしています。つまり、限

定的であり，永続的な意味が出てきます。ストロング・コーヒーではなく薄いコーヒーと種類を限定していますね。それに対し，coffee weak と説明語 weak が後ろに置かれた場合，その時のこと（一時的な意味）を表し，単にその時どのような状態にあるかを説明しているにすぎません。

(34) I don't have my credit card **back** yet.

ここでは，my credit card is back という状況をまだ have していないということですので，「クレジットカードをまだ返してもらってないのですが」という意味になります。

(35) I saw Zak **in the campus bookstore** just a minute ago.

ここでは，Zak is in the campus book store. という関係が成り立っていますので，「Zak を少し前に学内の本屋で見たよ」という意味ですね。

(36) I heard someone **screaming**.

ここでは Someone is screaming. という関係が成り立ちますね。「誰かが叫んでいるのが聞こえた」ということです。ちなみに，I heard that someone screamed. との意味の違いは知っていますか？ I heard someone screaming. は，someone screaming の部分から，目の前で実際に誰かが叫んでいる状況がイメージされ，それを直接聞いたという意味を表すのに対し，I heard that someone screamed. は，someone screamed という文の形は，過去に誰かが叫んだという事実を表し，そのパッケージ化された情報を間接的にほかの誰かから，聞いたという意味内容を表します (Langacker (2008: 442))。これも，形が違えば意味が違う

例ですね。

(37) I didn't hear my number called.

ここでは，My number was called. という関係が成り立ちます。つまり，銀行や郵便局などで，番号カードを取って自分の順番を待っている状況で，「まだ，自分の番号が呼ばれるのを聞いていない」ということです。

6.7. have の後続要素

さて，ここでは動詞 have の使い方を整理してみましょう。動詞 have の基本イメージは「所有」です。X have Y の基本イメージを図で表しますと，右のようになります（田中・川出 (1989: 57)）。be の図とは X と Y の位置が入れ替わっている点に注目してください。

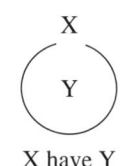

それでは，具体的な使い方を例文でみていきましょう。

(38) She has **some flowers** in her hand.
(39) I have **a Honda**.
(40) I have **a brother and two sisters**.
(41) He has **thick hair**.
(42) I have **met her before**, but I can't remember where it was.

(38) のように，実際に手に花を持っている場合から，(39) のようにホンダ車を所有している，(40) のように兄弟が一人，姉妹が二人いる，(41) のように，髪の毛が濃いという場合にまで

have が用いられます。では，(42) はどうでしょうか？ 過去分詞形 (V-en 形) は終わったことを表します。彼女に以前会ったということを経験として have しているという感じですね。

さらには，具体的なものではなく，**ある状況を have している場合**は，先ほどの並置を続けて次のように表現できます。それぞれ，[ ] の中は have している状況を表します。

(43) I don't have [my change *back*] yet.
(44) I'll have [him *call you back*].
(45) I have [a friend *waiting outside*].
(46) I had [my bike *stolen*].

(43) (I don't have [my change *back*] yet.) では，お釣りが戻った状態を have していないということで，「お釣りをまだ返してもらってないのですが」という意味内容が表されています。

(44) (I'll have [him *call you back*].) では，彼があなたに電話を折り返しかける状況を have しますということで，「折り返し電話させます」という意味内容を表します。ここで，動詞の原形 (call) が用いられているのは，**原形のスキーマが「まだ行われていない」**だからですね。

(45) (I have [a friend *waiting outside*].) では，友達が外で待っている状態を have しているということで，「友達を外で待たせている」という意味を表します。**V-ing 形のイメージは，「途中」**ですから，友達が，今，待っている途中を表します。

(46) (I had [my bike *stolen*].) では，自転車が盗まれた状況を have したということで，「自転車を盗まれた」ということになりますね。自転車は盗まれた対象ですから，受け身の意味で過去分詞が用いられています。

6.8. 過去分詞のイメージ

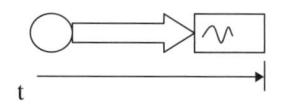

ちなみに、過去分詞形の意味は、Langacker という認知言語学者が述べていますように、**動詞が表すプロセスの最終点**を表します（Langacker (2008: 121)）。ここで図を用いて動詞のプロセスを確認しておきましょう。●（行為者）が ■（対象・受け手）にある行為（⇒）をして、影響（曲線は変化を表す）を与えるという基本的な場合で考えてみましょう。スキーマを図で表せば、次のようになります。t → は行為が行われるのに必要な時間です。

このスキーマで、**行為をする側が受け手に対して、何かの行為をするという側面がハイライト**された場合は、プロセスの最終段階は、行為の受け手となりますので、受け手側にあるものがハイライトされ、**受け身の意味**が出てきます。

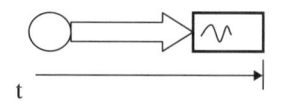

一方、**時間軸 t がハイライト**されれば、プロセスの最終点はこの行為が完了した時点ですので、**完了の意味**が見えてきます。

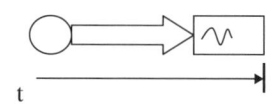

6.9. give とその仲間: give＋□＋■

最後に give とその仲間の動詞をみていきましょう。このタイプの動詞の基本的な意味は，受け渡しです。give がその基本で，他の動詞も根底には give の意味があります。では，例文です。

(47) Jack **gave** Susan a watch.

Jack が Susan に時計をあげたということですが，結果として，Susan has a watch. ということになりますね。

(48) My father **bought** me a cell phone.

これも，父が携帯を買ってくれたということですが，結果として，I have a cell phone. ということになります。

(49) May I **ask** you a favor?

これは，ちょっと難しいかもしれませんが，まず，favor というのは a kind act「親切な行為」です。「ちょっとお願いがあるのですが」と相手に頼みごとをするときに使う表現ですが，相手に親切な行為をしようという気持ちを have してくれないかと頼んでいると考えるとよいでしょう。

では，関連して，次の クイズ を考えてみましょう。

クイズ （　）に入る単語は to / for / of のどれですか？ また，なぜでしょうか？

(50) Jack **gave** Susan a watch.
  → Jack gave a watch (　　) Susan.
(51) My father **bought** me a cell phone.
  → My father bought a cell phone (　　) me.

(52) May I **ask** you a favor?
　　→ May I ask a favor (　　) you?

(50) は to, (51) は for, (52) は of となりましたか？理由は次のとおりです。まず，to か for かの使い分けは，前置詞 to と for の基本イメージを考えればわかります。**to はある方向へ向かい目的の場所に到達するイメージがあるのに対し，for は単に，目的の場所に向かうイメージです。**したがって，give, teach, show などのようにその動詞の表す行為を行うために，**相手が必要な場合は to** で，buy, make, find などのようにその動詞が表す**行為を行うのに直接相手は必要なく，行為を行った後，相手に何かを give する場合は for** が用いられると考えればよいです。ここでの例に当てはめてみると，give という行為は相手がいないとできないのに対し，buy という行為は，give する相手がいなくとも自分が一人でお店へ行くなどすれば可能です。

　　　to のイメージ　　　　　for のイメージ

では，(52) の of ですが，of が用いられるのは動詞が ask の場合のみです。A of B のイメージは A が B の一部であり，そこから独立しているがつながってはいるといった関係を表します（田中・川出 (1989: 59)）。a favor of you というのは，親切な行為が相手から出てきたものといったイメージですね。

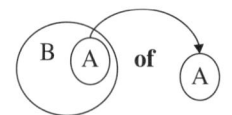

A of B のイメージ（A が B の一部，または B につながっている）

最後に，give とその仲間の動詞を挙げておきます。このタイプの動詞では，give [X Y] のように二つの要素が並置されるが，そこには受け渡しの結果，X have Y の関係が成り立つという視点からみておいてください。後ほど，並置を扱う第 13 章で再度この問題は取り上げますので，詳しい説明はそこで行います。ここでは，例文だけみておきましょう。

(53) I **gave** Nancy *a watch*.
（私はナンシーに時計をあげた）

(54) She always **gives** me *a headache*.
（彼女にはいつも悩まされる）

(55) "Would you **give** me *a call* tonight?" "Sure. Give me your number."
（「今夜，電話くれない？」「わかった。じゃあ，番号教えてくれる」）

(56) I'll **buy** you *a drink*.
（飲み物をおごるよ）

(57) She **made** me *a nice cup of coffee*.
（彼女が私においしいコーヒーを入れてくれた）

(58) He **found** me *a rewarding job*.
（彼は私にやりがいのある仕事を見つけてくれた）

(59) John **promised** Mary *a new car*.
（ジョンはメアリーに新しい車を買ってあげると約束した）

(60) This is the *1000 yen* I still **owe** you.
（これまだ君に借りていた 1000 円）

6.10. V+□+to do/from doing

はじめに クイズ から考えてみましょう。

クイズ （　）内の動詞を文に合う形に換えましょう。
 (61) I encouraged my girlfriend (study) abroad.
 (62) I discouraged my parents (travel) abroad.

(61) は to study，(62) は from travelling となりますが，できましたか？ なぜ，このような形になるか理由がわかりますか？

では，(61) から考えていきましょう。encourage という動詞は，「励ます，勧める」という意味です。相手に何かをするように勧める場合，その方向へ向かわせるイメージが感じられますよね。ですから，ある方向へ向かうイメージを持つ to が用いられます。では，to の後に動詞の原形が置かれているのはなぜでしょうか？ それは，その行為はまだ行われていないからです。**原形のイメージはまだ行われていない**ことですね。他の例もみてみましょう。

(63) I **told** him *to come*.
 （彼に来るように言った）

(64) I'll **ask** him *to fix the air conditioner*.
 （彼にエアコンの修理を頼むよ）

(65) I'll **get** my father *to buy a new bike*.
 （父に頼んで新しい自転車を買ってもらうつもり）

(66) Computers have **enabled** even ordinary people *to compose music*.
 （コンピューターのおかげで，素人でも作曲ができるようになった）

それでは，(62) はどうでしょうか？ discourage というのは encourage の逆で，「思いとどまらせる」という意味を表します。思いとどまらせる時には，encourage とは逆で，こちらへ引き戻す力がイメージされますね。ですから，引き戻す元の地点を表す from が置かれます。では，from の後ろに ing 形が置かれているのはなぜでしょうか？ もちろんこれは，**その人はすでにしようという気持ちになっているからですね**。ここでは，海外旅行をするつもりでいる両親に，海外旅行を思いとどまらせるということですね。では，いくつか他の例文も挙げておきます。

(67) The heavy snow **prevented** the airplane *from taking off*.
(大雪のせいで，飛行機が飛ばなかった)

(68) This lotion will **keep** you *from getting bags under your eyes*.
(このローションを使えば，目の下の弛(たる)みができませんよ)

(69) Nothing will **stop** him *from quitting the company*.
(何を言っても，彼は会社を辞めるよ)

第7章

a と the の使い方

7.1. a と the の違いは？

はじめに、次の例文を考えてみましょう。

(1) Would you open the window?

部屋に窓が四つある状況では、皆さんは、この質問に何と答えますか？

そうですね。窓が四つあるのに単に the window といわれても、どの窓か決まりませんから、窓を開けることができません。そこで、Which window?（どの窓ですか？）と答えることになります（大西 (2005)）。もちろん、ある一つの窓を指さして、この発話がされたならば、どの窓か決まりますので、その窓を開ければいいわけです。

つまり、a と the の使いわけの原則は、次のように考えればよいでしょう。

(2) **a と the の使い方**
　　① 会話には話し手 (speaker) と聞き手 (hearer) が

必要。

② the は speaker と hearer の間で，一つ，または一つのグループに決まるものにつく。

③ a/an は，speaker と hearer の間で，一つに決まらないものにつく。二つ以上あるものから任意の一つを取り出すイメージである。(下の図を参照)

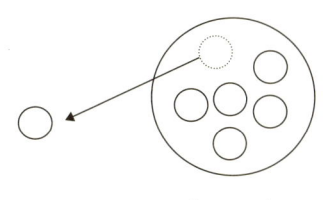

a/an のイメージ

ここで大切なことは，コミュニケーションには，相手が必要で，相手にとって一つに決まるかどうかが重要だということです。

では，次の例文をみてみましょう。

(3) I have a car. The car is a Honda.
(車を持っています。その車はホンダ車です)

例文 (3) では，車を持っているということを初めて話題にする時点では，相手にとってはどの車か決まらないから，a car となりますが，一度，話題に持ち込まれれば，その話題になっている車のことであると一つに決まるので，the car と言及されます。

7.2. a と the で意味がどう変わる？

ここでは，a を用いるか，the を用いるかで意味が変わる場合を具体例でみてみましょう。まずはじめに，大西泰斗氏が NHK

の「ハートで感じる英文法」の中で挙げられていた，大変わかりやすい例文がありますので，そちらから考えてみましょう。

(4) a. Love is a reason to get married.
b. Love is the reason to get married.
(a) と (b) の意味の違いは？ （大西 (2005: 27)）

(4a) は結婚する理由にはいくつかあるが，その一つに愛があるという意味で，結婚する理由は一つには決まらないということが含意されるのに対し，(4b) では，結婚する理由は愛しかないと一つに決まっているわけですね。

では，次の (5) はどうでしょうか？

(5) Nick is looking for someone who can fill in for Jack.
a. I think you are a person for the position.
b. I think you are the person for the position.
(a) と (b) の意味の違いは？

ここでは，「Nick が，Jack の代わりをしてくれる人を探しているんだけど」という文脈に続けて，「そのポジションに君が適任だ」と言っていますが，(5a) では，君が何人かいる適任者のうちの一人という意味に対し，(5b) では君しかないと一人に決まっています。相手にどうしても仕事を頼みたいときは，(5b) を使うとよいわけです。(5a) だと，ほかにも適任者がいるならその人に頼んでよ，ということになってしまうかもしれませんね。

(6) a. There is a Ms. Miller on the phone.
b. Ms. Miller is on the phone. （田中 (2006) 参照）

(6a) では，一人には決まらないミラーさん（世の中にたくさんいるミラーさんという名前の人の一人）から電話だと言ってい

ますので，この電話を受けた人がどのミラーさんかわからないので，「ミラーさんとかいう人から電話ですよ」という意味になります。つまり，ミラーさんという人を知らないという点が前景化された表現ですね。言い換えれば，Someone called Ms. Miller is on the phone. ということです。一方，(6b) では，話し手も聞き手も知っている，一人に決まる，ミラーさんから電話ということですね。ちなみに，(6a) では There is ... で導入されているのは，**There is ... の文は，何かを意識に上らせる機能がある**からです。Bolinger という言語学者は，**There is ...** の意味を，**bring something into awareness**（何かを意識にのぼらせる）と定義しています (Bolinger (1977: 92-93))。

(7) 次の例では，Marias と Maria という名前に s が付いていますが，どのような意味でしょうか？
There are three Marias in this class.

そうですね。クラスに，Maria という名前の女の子が3人いるので複数形が用いられているということですね。「このクラスには，マリアという女の子が3人います」という意味を表します。

(8) 太陽には，なぜ the が付くのでしょうか？
The sun rises in the east and sets in the west.

「太陽が東の空に昇り，西に沈む」という内容を表す文ですが，もちろん，一般常識から太陽は一つに決まるからです。もしも，この世界に，太陽がいくつかあり，それらの太陽が交代で出てくるならば，A sun となるわけですね。

(9) the mouse と the が付いているのはなぜでしょうか？
I can't use my computer. **The** mouse is malfunctioning. (Langacker (2008: 287))

「私のコンピューター使えない。マウスが機能しない」という意味ですが，ここでも，コンピューターには mouse があるという背景知識によって私のコンピューターと聞いた時点で，そのコンピューターのマウスと一つに決まっているから the が使われていますね。

 (10) たとえば，I've decided to apply to Box-U.「ボックス大学に志願することにした」という文脈で，「理由はね…」と理由を告げるときに，次の (a)-(d) のどれを使うかで意味が違ってしまいます。意味にどのような違いがあるかを考えてみましょう。
  a. I'll tell you a reason.
  b. I'll tell you some reasons.
  c. I'll tell you the reason.
  d. I'll tell you the reasons.

では，一つずつみていきましょう。

 (10a) では，a reason と言っていますので，ボックス大学を志願することにした理由が，家から近い，勉強したい学科がある，有名な教授がいるなど二つ以上あり，そのうちの一つを話そうという意味です。

 (10b) は，ボックス大学を志願することにした理由が三つ以上あり，そのうちの二つ以上を話そうという意味です。

 (10c) は，ボックス大学を志願することにした理由は一つで，その理由を話そうという意味を表します。

 (10d) は，ボックス大学を志願した理由が二つ以上あり，それらすべてを話そうという意味です。合っていましたか？

7.3. go to school と go to the school はどう違う？

go to school と go to the school の違いを考える前に，次の例文をみてみましょう。

(11) a.　Would you turn off **the** TV?
　　 b.　I am watching TV.

(11a) では，the TV とテレビに the が付いていますが，(11b) では the も a もついていません。さて，なぜでしょうか？

そうですね。(11a) は，「テレビを消してくれますか？」という意味で，話し手と聞き手の間で一つに決まる（電化製品としての）テレビを指して，the TV と言っていますが，(11b) では「テレビを見る」という意味を表しますが，この場合のテレビは，テレビという機械について言及しているのではなく，映像という具体的な形のないものに言及しているので，単に，TV となるわけですね。I'm watching the TV. と the を付けてしまうと，機械としてのテレビを見ていることになってしまいます。これは，例文 (12) の (a) と (b) の違いと同じように考えられます。

(12) a.　I prefer tea to coffee.
　　 b.　I'd like a coffee.

(12a) は，「コーヒーより紅茶が好き」ということで，コーヒーという形の決まらない物質（液体）が前景化されているのに対し，(12b) では，カップに入った一杯のコーヒーと，容器が前景化されていますので，a coffee と a が付くわけです。つまり，a cup of coffee のことを表しています。

(a)　　(b)

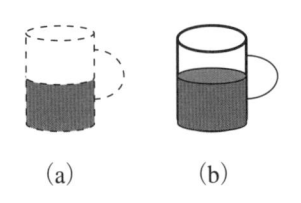

　では，go to school と go to the school に関連する表現の意味の違いについてみていきましょう．さて，次の(13)-(16) の(a) と (b) の違いを考えてみましょう．

(13) a. go to school 　　b. go to the school
(14) a. go to bed　　　　b. go to the bed
(15) a. go to church　　 b. go to the church
(16) a. go to sea　　　　b. go to the sea

例文 (13)-(16) では，(a) はいずれも形の決まらない学校，ベッド，教会，海が前景化されていますので，**そこで慣習的に行われる行為，活動を表すこと**（田中 (2006)）になるのに対し，(b) では形のある場所に言及しています．

　(13) では，(a) は学校へ勉強しに行くという意味で，(b) では，単に学校という建物へ行くという意味ですから，学生でなくても (b) はできるわけですね．

　(14) では，(a) はベッドで最も慣習的に行われること，つまり，寝るという行為に言及するのに対し，(b) は単に，ベッドのところへ行くということです．

　(15) では，(a) は教会で行われる行為，つまり礼拝に行くのに対し，(b) は単に，教会という建物へ行く意味になります．

　(16) では，(a) は船乗りになるという意味を表すのに対し，(b) は単に，海へ行くという意味を表します．(a) を泳ぎに行く

と考えた人もいるかもしれませんが，毎日，習慣的に海に行くとなれば，職業として行くと考えられますので，船乗りになるというのが慣習化したわけですね。

(a) のそこで行われることを表すという場合（冠詞が付かない場合）は，それぞれの場所で行われることにはほかのこともあるのですが，言語には慣習的であるという側面もあり，上で挙げたような行為が現時点では慣習化されているわけですね。今後は，変わる可能性もあるかもしれませんが。

(b) では，the が用いられていますので，話し手と聞き手の間で一つに決まるものを指していますね。

第8章

名詞の二つの用法
―― 名詞に可算・不可算という区分があるの？――

8.1. 「犬と猫のどちらが好きですか？」を英語で言うと？

筆者は，授業で名詞の可算・不可算の概念を教える際，導入として，「犬と猫とどっちが好きですか？」を英語で表現するとどうなりますかという問いかけをすることがあります。さて，皆さんは，どのように表現しますか？

この質問に対し，次の (1a) または (1b) の答えが返ってきます。さて，どちらが適切な表現だと思いますか？

(1) a. Which do you like better, dog or cat?
 b. Which do you like better, dogs or cats?

正解は (1b)。(1a) を答えてくる学生がいますが，これでは犬や猫を食べることになってしまいます（ピーターセン (2010: 134-138) 参照）。つまり，「犬の肉と猫の肉とでどちらが好きですか？」という意味になるのです。犬や猫を食べる文化圏ではこの文は使えるでしょうが，日本やイギリス，アメリカでは使えませんね。

犬や猫を生き物，ペットとして扱うなら，形があるものと捉えられますので，dogs or cats と複数形にします。一方，食用の肉

として捉えるなら、決まった形はないと捉えられますから、dog or cat でよいわけです。これは、飛行機で flight attendant が料理を出してくれる際に、鳥肉と牛肉のどちらを選択するかを尋ねるときに、"Chicken or beef?" というのと同様ですね。鳥や牛が食用の肉として捉えられているので、a/an も複数形を表す -s も付かないわけです。

　学校の授業や参考書で、名詞には可算名詞と不可算名詞があり、可算名詞には一つの場合は a/an、二つ以上の場合には複数を表す -s が付くが、不可算名詞には a/an も複数を表す -s も付かないと習ったと思いますが、実は、ざっくり言えば、**文脈次第では、基本的にはどの名詞も可算にも不可算にも捉えることができるのです。**

　確かに、ある名詞が、通例、可算・不可算のどちらに捉えられることが多いかという視点から無理に分類すれば、可算と不可算という分類は可能なのかもしれませんが、これは、人間が自分の所属する文化の常識を前提として名詞を見ている結果であり、違った視点から捉えれば、ある名詞が可算と捉えられるか、不可算と捉えられるかは変わってくるのです。つまり、**可算／不可算の区別は静的 (static) なものではなく、ダイナミック (dynamic: 動的) に変化するものなのです。**という意味で、可算／不可算という概念は単に名詞の用法にすぎないといえますので、ここでは名詞の可算用法・不可算用法と呼ぶことにしましょう。

8.2. Langacker の認知文法の考え方

　ここでは、Langacker (ラネカー) という認知言語学者が名詞の可算用法／不可算用法について提示している新しいアイディアに基づいて、英語学習に参照するという視点で、名詞の可算・不

可算の問題を捉え直し，よりわかりやすい，汎用性のある文法を提示してみたいと思います。

名詞の「可算用法」(count phenomenon) と「不可算 (質量) 用法」(mass phenomenon) のスキーマは次のようにまとめられます。

(2) a. **可算用法 (Count phenomenon)**：
   ① 区切りがあり，それ以上分割できない
   ② 内部は不均質と捉えられる
   ③ 数を増やすには，複製する必要がある
   b. **不可算 (質量) 用法 (Mass phenomenon)**：
   ① 区切りはなく，分割可能
   ② 内部は均質と捉えられる
   ③ 伸縮自在

ここで，可算名詞・不可算名詞ではなく，可算用法・不可算 (質量) 用法と記述したのは，**名詞自体に可算 (countable: count)／不可算 (uncountable: mass) という区別があるわけでなく，それぞれの状況・文脈で人間がその名詞を可算・不可算のどちらと捉えるかが，名詞の用法として反映されていると考えられるからです。**さらに，いずれの用法にもカテゴリー化の原則が当てはまり，プロトタイプ事例 (典型的な事例) から中間事例，周辺事例が放射状に分布して存在しますが，いずれも上で述べたスキーマのすべてまたは一部を共有することによって，カテゴリーのメンバーになっていると考えられます。たとえば，bicycle (自転車) は可算用法としては，(2) のスキーマ ①〜③ の三つすべてを満たしているプロトタイプ事例ですが，lake (湖) はスキーマの二つ目 (内部が不均質) を満たすかどうかは曖昧ですが，湖と湖でない部分の区切りがあることから，可算用法とし

て捉えられるわけです。しかし,その湖でも下の例文 (3) (Langacker (2008: 143)) で表されるように,「ボートレースをするには湖の広いスペースが必要だ」という内容のように,湖の一部が言及される場合は,不可算用法として振る舞うわけですね。なぜならば,湖の一部を利用するという意味で部分的にピックアップしており,その場合ここからここまでが一つの単位であるといった区切りが視野に入っていないからです。これは,水などの液体を,好きなだけすくい上げる場合と並行的に捉えることができますね。

(3)　You need a lot of *lake* for a speedboat race.

ここでもう一つ,具体例を考えてみましょう。次の (4a-e) は「リンゴ」に関する表現ですが,いずれの形も存在します。それぞれどのような APPLE を表すと思いますか？

(4) a.　apple　　　b.　an apple　　c.　apples
　　d.　the apple　e.　the apples

(4b-e) の APPLE (a/an または -s が付いています) は,可算 (count) と捉えられているので,丸ごとの APPLE が一つか二つ以上あり,その APPLE が話し手と聞き手の間で,一つ (または一つのグループ) に決まるか決まらないかで冠詞 (および単数複数) が選ばれていると考えられます。(4b) は何でもいいのでリンゴが一つある。(4c) は何でもいいので二つ以上リンゴがある。(4d) は話し手と聞き手との間で,一つに決まるリンゴがある。(4e) は話し手と聞き手との間で,一つのグループに決まるリンゴが二つ以上あるということです。一方,(4a) は不可算 (mass) と捉えられた APPLE なので,切ったり,すり下ろしたりして,元の形が保たれていない APPLE やリンゴの果肉を表

すことになるわけですね。

つまり，人が状況をどのように捉えるか次第で，同じ名詞でも可算に捉えられたり，不可算に捉えられたりするということです。Langacker (2002: 73, 2008: 144) に興味深い例が挙げられていますので，みてみましょう。

(5) a. After I ran over the cat with our car, there was **cat** all over the driveway.
 b. I don't like **shelf**—I'd rather eat **table**.
 c. By mashing a dozen **potatoes**, you get enough **potato** for this recipe.

(5a) では，かわいそうな猫が，車にひかれたため，通常ならば，一匹，二匹と区切りがあり，内部は不均質であるという性質を失い，形がなくなってしまったため，不可算用法として扱われているわけです。もしも，たくさんの猫が，道路を歩きまわっている状況であったならば，There were a lot of **cats** all over the driveway. となるわけですね。

(5b) は，人間の世界では考えがたい発話ですが，Langacker (2002: 73) は，知能の高いシロアリの発話ならば可能としています。つまり，人間の現実世界では，戸棚やテーブルは食べ物とは考えられないため可算用法として扱われますが，シロアリにとっては内部が均質，分割が可能な食べ物と捉えられるので，不可算用法になるわけです。シロアリやネズミを登場人物としたアニメーションの番組ではこの発話もあり得るわけですね。

(5c) では，あるジャガイモ料理を作る場合ですが，潰す前のジャガイモは形があるので可算用法として捉えられているのに対し，潰してしまえば，どこまでがどのジャガイモかということは問題なく，全体が均質であると捉えられるため，不可算用法とし

て扱われるわけですね。

ここから，言えることは，**われわれ人間が，可算用法・不可算用法という判断をするのは，人間世界における常識的知識と照らし合わせた結果の判断であり，言語だけの問題では決められない**ということです。つまり，**言語には人間が事物をどのように捉えているかが反映されている**ということですね。

8.3. 同じ名詞が可算用法と不可算用法で意味がどのように変わるか？

同じ名詞であっても状況によって，count nouns と捉えられたり，mass nouns と捉えられたりするわけですが，ここでは，Lee (2001) の例文を中心に，同じ名詞が，count nouns と捉えられる場合と mass nouns と捉えられる場合で意味がどのように変わるかを考えていきましょう。**ここでも，可算の側面と不可算の側面のどちらが前景化するかという図と地の反転から考えてみてもわかりやすいです。**

(6) a.　I like (my) coffee weak.
　　b.　Could I have a coffee?

カップに入ったコーヒーをイメージしてみましょう。(6a) は，コーヒーという飲み物が前景化され，「コーヒーは薄いのが好き」という意味になるのに対し，(6b) では容器であるカップが前景化され，コーヒー1杯という意味になりますね。

(7) a.　He drunk a few **beers** at the bar.
　　b.　There is **beer** in the fridge.

これも (6) と同様に考えればいいですね。(7a) は「彼はバーで

ビールを何杯か飲んだ」という意味で，ビールの入ったグラスが前景化されていますので，可算用法であるのに対し，(7b)は「冷蔵庫にビールがある」という意味で，飲み物であるビール（液体）が前景化されていますので，不可算用法と考えられます。つまり，(7b)は，缶ビール，瓶ビールということには関心が向けられておらず，単に，ビールがあるかどうかが問題となっているわけですね。

(8) a. There are some eggs in the basket.
    b. You've got some egg on your tie.

(8a)では，籠の中に卵が本来の形を保ったまま入っています。(8b)では，卵料理にされて元の形を保っていない卵の一部がネクタイに付いているという意味ですね。(8b)で You've got some **eggs** on your tie. とすると，丸ごとのゆで卵かなにかが，ネクタイに貼り付けられているようなイメージになり，普通では考えられない状況ですね。関連して，have egg on one's face（面目が潰れる）という表現がありますが，ここでも顔に卵が付いていれば恥ずかしい思いをするわけですが，その場合，丸ごとの卵が付いているわけではありませんから，eggs ではなく，egg となるわけですね。

(9) a. There were a lot of newspapers in the box.
    b. There was a lot of newspaper in the box.

(9a)では，新聞が可算用法と捉えられていますので，何社かの新聞が箱の中に入っているということですが，(9b)では不可算用法としての新聞ですので，内部が均質，分割可能，ということは古新聞か破られた新聞が入っているということで，もう，ゴミとして扱われているのでしょうね。不要な新聞として扱われれ

ば，全体として均質と捉えられますね。

(10) a. There is a glass on the table.
b. It's made of glass.

(10a) では，ガラスコップがテーブルの上にあるということですが，ガラスコップは一つの個体として区切りのある形を維持していますから，可算と捉えられますね。一方，(10b) では，ガラスでできているという場合は，素材としてのガラスですから，特定の形には関心が向けられていませんので不可算として扱われるわけですね。

(11) a. There were several wines on the show.
b. He drunk a glass of wine.

(11a) では，ワインショーで，数種類のワインがあったということですので，それぞれのワインは別のものとして認識されていますから，可算と捉えられています。一方，(11b) のグラスに入ったワインは，液体で，決まった形はなく，どの部分も均質と捉えられますので，不可算になりますね。

(12) a. I ate a chicken last night.
b. I ate chicken last night.

(12a) では，chicken が一つの個体と捉えられているので鳥を丸ごと1羽食べたことになるのに対し，(12b) では分割可能な，均質なものと捉えられているので鶏肉を食べたという意味になります。

　以上のように，名詞自体に可算・不可算という区別があるのではなく，人が，それぞれの状況でその名詞の ① 区切りがあり，それ以上分割できない，内部は不均質な面を前景化するか，②

区切りはなく、分割可能で、内部は均質な面を前景化するかによって可算用法にも不可算用法にも用いることができるのです。

8.4. 全体を見るか、部分を見るか？

ここで可算用法／不可算用法のどちらに捉えられるかの基準として、全体を見るか、部分を見るかという点を紹介しましょう。これは、8.2 節で挙げた、例文 (3) の lake にも当てはまります。次の例文を比較してみましょう。(13a) と (13b) はそれぞれ、どのような状況で発せられる文でしょうか？

(13) a. I see a board.
　　 b. I see board

(13a) は板が一枚あるという状況を表していますね。この文を言っている人には、1 枚の板全体が見えています。一方、(13b) は、壁に穴が空いていて、そこから板の一部、つまり、素材が見えているような状況です。板全体が視野に入っていれば、形があり、区切りのあるものと捉えられますので可算用法 (count) となり、一部しか視野に入っていなければ、形や境界が意識されないので、不可算用法 (mass) となります。では確認のため、もう一つ例を挙げておきます。room という単語は、全体を視野に入れて、区切りのあるものと捉えれば、a room / rooms (部屋) となり、一部を視野に入れて、区切りのないものと捉えれば、room (空間／スペース) となりますね。

第8章　名詞の二つの用法　131

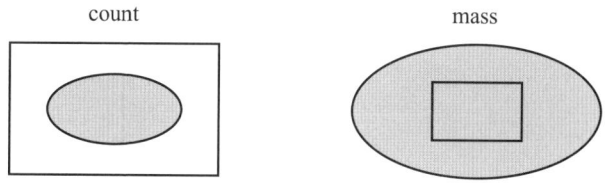

count: 全体が視野に入っている　　mass: 一部しか視野に入っていない

⬭ は名詞によって表されるモノを，▭ は視野を表す。

図1: 全体を見るか部分を見るか

(Langacker (2008: 133, Figure 5.3) に基づく)

8.5. fish が不可算名詞なのはなぜ？

皆さんは，fish は常に単数扱い，単複同形などと習ったことがあるかもしれません。では，fish はなぜ，そのような振る舞いをするのでしょうか？ まず，次の例文をみてみましょう。

(14) a.　Fishermen catch fish.
　　 b.　I caught 10 fish last Sunday.

fish が不可算用法なのは，次のように考えられます。(14a) のように漁師が魚を釣るという行為をする場合の魚は，食用です。この場合，**事態をどの程度の精密度で捉えるかという認知能力 (granularity)** から考えるとわかりやすいと思われます。

granularity の能力というのは，**ある対象を捉える精密度を状況に応じて調整する能力**です。その精密度の違いによって，同じ対象が，違ったものから成り立っているとも捉えられたり，全体が同じ，均質と捉えられたり変化します。たとえば，精密度を調整することで，人間はみな同じとも捉えられますし，一人一人違

うとも捉えられますね。

　魚についてもどの程度の精密度で捉えるかによって，可算にも不可算にも解釈できるわけです。食用としての魚を釣るということを表す場合，1匹1匹の魚には焦点は当てられず，また，食べる場合は，1匹の半分も可能なわけですから，分割可能・均質というイメージが前景化してくるので不可算用法となるのです。一方，(14b) のようにある人が 10 匹魚を釣ったという場合は，(14a) 同様に目的は食用ですが，数にも焦点が当てられているため，不可算用法の形に数詞が付いた形となります。食用の魚であるという面を主張して，fish という不可算の形になっているのに，数も情報として重要なので 10 が前に置かれているのです (Lee (2001: 143))。ちなみに，魚の種類が前景化される場合は，fishes が用いられますね。これは，例文 (11) の wine の場合と同様の現象ですね。

8.6. cutlery, furniture, money, baggage はなぜ不可算名詞？

　皆さんは，cutlery, furniture, money, baggage が不可算名詞であるということを高校時代に学んだことがあると思いますが，なぜか疑問に思ったことはありませんか？ ここでは，これらの名詞がなぜ不可算用法として振る舞うかを英文法の基盤となる認知能力から考えてみたいと思います。ここでも，基盤となる認知能力は，**事態をどの程度の精密度で捉えるかという granularity の能力**です。この能力は，人は，状況に応じて事態を，上空からの「鳥の目」的な見方で（抽象的に）捉えたり，近くからの「虫の目」的な見方で（具体的／個別的に）捉えたりすると考えるとよいでしょう。

では，cutlery（食卓用ナイフ，フォーク，スプーン類）を例に考えてみましょう（Lee (2001)，宮浦 (2006)［訳］）。ナイフ，フォーク，スプーンは，それぞれ「食べ物を切る」，「食べ物を刺して，口まで運ぶ」，「スープなどの液体をすくう」といった違った機能を果たしますが，**抽象度を上げて「鳥の目」的にみれば，どれも食べ物の摂取を容易にする道具という捉え方もできます**。後者のレベルでみれば，ナイフもスプーンもフォークも同じ機能を持つものと捉えらますので，内部均質と捉えられ，不可算用法となるのです。同様のことが，furniture にも当てはまります。家具は，いす，テーブル，机，など違った機能を果たすものから成り立ちますが，これも**生活を容易にする道具という次元まで抽象度を上げて捉えれば**，どれも同じ機能をもつと捉えられるわけです。money については，bills, coins といった紙幣，コインを表すのではなく，富の概念です。つまり，数ではなく量を表します。分割して使うことができることからも，不可算用法であることが理解できるでしょう。baggage はいかがでしょうか？これは，backpacks, bags など，入れ物のことではなく，その中身を前景化する単語です。自分の持ち物という次元の抽象度では，均質であり，bags や backpacks に分割して入れることができますから，やはり，不可算用法であることがわかりますね。ボトルに入ったワインをグラスに分割できるイメージの延長線で考えられますね。

8.7. pants はつねに複数が基本なのに，T-shirt は単数が基本なのはなぜ？

皆さんは，scissors（はさみ），binoculars（双眼鏡），tweezers（ピンセット），glasses（めがね），spectacles（めがね）は複数形が基本

であると学んだと思いますが，これは，いずれも二つの同じ形をした部分から成り立つものであることから，容易に理解できますね。

では，次の三つのグループについて考えてみましょう。

(15) ① socks, gloves
② pants, trousers, stockings, nylons
(*cf.* panty hose 〈G〉, bra [brassiere 〈F〉])
③ a coat, a shirt

① のグループは，二つで1セットですから，複数形が基本となります。では，② と ③ はいずれもつながったもので，その一部が二つの部分から成り立つという点では共通していますが，② は複数形が基本なのに対し，③ は単数形が基本なのはなぜだと思いますか？ これは，図と地の反転という認知能力から考えるとわかりやすいです。② ではその大部分が二つに分かれているため，二つに分かれている部分が図となり（前景化され）複数形で表されるのに対し，③ では二つの部分よりも胴体の一つの部分が全体で占める割合のほうが多く，目立ちますので，図となるため単数形が基本となると考えられます。ちなみに，panty hose や bra のように，ドイツ語，フランス語といった外来語から入ってきた語彙は英語のルールの例外となっていますね（Lee (2001: 142-143))。また，bra については，もともとは二つの部分から成るのではなく，一枚の布だったため単数扱いであるという説もあります（久野・高見 (2009: 5))。言語表現の動機付けは，その表現が指す物の形態が時代とともに変化したため見えにくくなることがあります（4.4.3節例文 (15) も参照）。

第 9 章

時制の表現法
―― 英語には時制がいくつあるかと思いますか？――

9.1. 英語の時制はいくつあるか？

皆さんは，英語には時制がいくつあると思いますか？ ちなみに，以下の (1)–(12) は高校などで時制を学ぶときに出てくる例文です。

(1) My birthday **falls** on Sunday this year.
(私の誕生日は，今年は日曜日に当たります)

(2) I'**m** *surfing* the net.
(ネットを検索しているところです)

(3) I **have** *been* to Australia twice.
(オーストラリアに 2 度行ったことがあります)

(4) I **was** out last night.
(昨夜，外出していました)

(5) I **was** *taking* a shower when you called me.
(昨夜，君が電話をくれたとき，シャワーを浴びているところでした)

(6) The bus **had** just *left* when I got to the bus stop.

(バス停に着いたら，ちょうどバスが出たところでした)

(7) I **will** *leave* for school at 9:00 tomorrow.
(明日は，9時に学校へ向かうつもりです)

(8) "May I call you about 11:00 p.m.?" "**I'll** *be studying* then." (「夜，11時頃電話してもいいですか？」「その時間は，勉強していると思います」)

(9) My parents **will** *have been married* for 20 years next month. (両親は，来月で結婚20周年を迎えます)

(10) I **have** *been practicing karate* for 12 years.
(12年間，空手をやっています)

(11) I **had** *been watching* my favorite show on DVD for about an hour when you texted me.
(DVDで好きなショーを1時間ほどみていた時に，君から携帯メールが着ました)

(12) I **will** *have been studying* English for seven years next March.
(今度の3月で，英語を7年間勉強したことになります)

上の例文からもわかりますが，これまでの英文法では，時制は何と12にも分類されて教えられ，学ばれてきましたが，**実は，英語の時制は現在と過去の二つしかないのです。ここでは，とりあえず大まかに，現在形は現在の事実を，過去形は過去の事実を表すと押さえておきましょう。**では，未来はどうなるの？と思われた方もみえるかもしれませんが，**英語には未来形という動詞の形は存在しません。未来の内容というのは，現在の時点では予測しかできないわけですから，その内容の確信度に従って，さまざまな表現を借りて表されるのです。**詳しくは，後ほど順を追ってみていきましょう。上の例文では，未来の内容は will で表され

ていますが，will は「予測・意志」を表す助動詞の現在形です。**事実ではないですが，言っている本人は 100% 近い確信を持っています。**ここで英語の時制は現在と過去の二つという視点で，(1)–(12) の例文の時制に着目しますと，(1) falls, (2) am, (3) have, (7) will, (8) will, (9) will, (10) have, (12) will は現在形となり，(4) was, (5) was, (6) had, (11) had は過去形となるわけですね。

9.2. 過去形のイメージは距離感

ここでは，過去形のイメージについてみていきましょう。過去形が表す意味について，9.1 節では，とりあえず「過去の事実」を表すと説明しましたが，これは過去形のプロトタイプの意味（典型的な意味）です。しかし，皆さんもご存知のように，次の例文で示されるように，過去形は必ずしも過去のことを表すとは限りません。では，例文をみていきましょう。

(13) I **skipped** breakfast this morning.
（今朝朝食を抜いた）

(14) **Could** you do me a favor?
（ちょっとお願いがあるんだけど？）

(15) "We'll be having a surprise birthday party for Jennifer this coming Friday. Can you make it?"
"I wish I **could**, but I have other plans."
（「今度の金曜日にジェニファーの誕生パーティーをやって，彼女を驚かせようと思ってるんだけど，都合つく？」「都合がつくといいのですが，用事があって...」）

(13) は，今朝のことを述べていますので，過去の事実を表すプ

ロトタイプの使い方です。(14) はどうでしょうか？これは，Can you do me a favor? の丁寧な言い方と習いますね。(15) は仮定法過去と呼ばれる形で，「都合がつくといいのですが，用事があって...」という内容を表します。そうすると，(14) と (15) は過去形という形が使われていますが，過去のことを表してはいないということになります。では，過去形のスキーマは何でしょうか？「形が同じならそこには共通の意味がある」という原則に従えば，何らかの共通の意味が期待されます。それは，**距離感**です (Lee (2001: 56), 大西 (2003: 100))。つまり，過去形は，次の三つの距離感を表すときに使えるのです。

(16) 過去形は何らかの距離を表す。
① 現在からの距離
② 現実からの距離
③ 相手からの距離

(13) については，① の現在からの距離ということになります。(14) は，相手との距離を心理的に保つということで過去形を用いていますので，丁寧な表現となるわけですね。(15) の仮定法は，実際は都合がつかないわけですが，「都合がつくといいのですが」と事実の反対を望んでいるから過去形が使われているわけです。ちなみに，仮定法では ② と ③ の二つの意味合いでの距離感が融合して含まれる場合も少なくありません。たとえば，次の (17) のようにパーティーに招待された場合は，皆さんならば，(a) と (b) のどちらで答えますか？

(17) "I'll be having a party this coming Friday. Would you like to join us?"
（今度の金曜日にパーティーやるんだけど，参加しない？）

a. I can't join you because I have other plans.
b. I wish I could, but I have other plans.

どちらも断るという点では,同じメッセージを伝えていますが,(17a) と (17b) ではそれに伴う気持ちが違います。(17a) では「他の用事があるので参加できない」と直接的な表現になりますが,(17b) は「他の用事がなければ,参加できるのですが...」とソフトな表現になっています。このように,**過去形(仮定法)を使うことで,単に事実の反対を述べるだけではなく,過去形の持つ距離感という効果から丁寧な気持ちを表すことができる**のです。相手,状況によって (17a) と (17b) を使い分けることが必要ですね。たとえば,また今度,誘ってほしい相手なら (17b) を,何度も誘ってきて,迷惑している相手になら,強く (17a) で断るというような使い分けです。もちろん,言語表現だけでなく,どのような表情やリズムで発話するかといったことも意思の伝達には関係してきますので,(17a) が強い言い方になるかどうかは言い方次第ということもあります。

9.3. 未来を表すには?

英語には未来形はないというお話をしました。もしも,take — took — *takll のように動詞が活用するならば未来形は存在すると言えますが,*takll のような形は存在しませんね。

では,未来の内容はどのように表現されるのでしょうか? 未来を表す表現を思いつくだけ挙げてみてください。

さて,いくつ挙げられましたか? 代表的なものには,次の (18)-(22) があります。**未来の内容というのは**現在の時点で予測するものですから,その実現可能性,依頼,命令などの意味内容

に伴い, will (must, should, may, might) + V, be going to + V, 現在形, 命令文などさまざまな形で表現されます。

(18) Tomorrow **is** Thursday.　　　現在形
 （明日は木曜日です）
(19) **I'll be** twenty tomorrow.　　　will + V ...
 （私は，明日 20 歳になります）
(20) He **may come** late.　　　may + V ...
 （彼は遅れて来るかもしれない）
(21) He's **going to** hit the roof.　　be going to + V ...
 （彼，切れそうだよ！）
(22) **Have** a seat.　　　原形
 （お掛けください）

では，ここで一つクイズです。同じ未来のことを表すのに，(18) では現在形が用いられているのに，(19) では will + 動詞の原形の形が用いられているのはなぜでしょうか？

(18) は「明日は木曜日です」という意味を表していますが，明日が木曜日なのは**カレンダー上の予定で，現時点で確定していますね**。だから，現在形が用いられています。それに対して (19) では，「明日，20 歳になります」というのは**明日にならないと事実ではなく，発話の時点では予測にすぎない**わけです。しかし，100% そうなると考えていますので，will が用いられているわけです。つまり，**現在形と will + 動詞の原形の違いは，事実か予測かという点なのです。**will は，予測といっても，言っている本人にとっては，100% の確信がありますのでご注意を（大西・マクベイ (1997: 28-29)）。

ちなみに，will/must/should/may/might + [V ...] という形は，[ ] 内の内容が事実ではなく，あくまで話者の予測であること

を表す形なのです。確信の度合いによって，will/must/should/may/might のどれかが選ばれます。

では，未来を表す表現を，さらにいくつかみていきましょう。

(23)　I'll come back in an hour.

(23) は予測・意思を表す助動詞 will を用いて，「1 時間後に戻ってくるから」と現時点での「つもり」を表しています。この文を発話している時点では事実ではないので，現在形ではなく，予測を表す will が使われている点に注目してください。

(24)　He **is going to** fall down.

(24) は「彼，倒れるよ」という意味で，be going to が用いられています。ここで，be going to について次の二つの例文を比較してみましょう。

(25) a.　**I'm going to** *the library*.　―場所に向かっている
　　 b.　**I'm going to** *eat lunch*.　―行為に向かっている

be going は進行形ですから，「進んでいる途中」という意味を表します。to の後ろには到達点がきます。そこで，(25a) は，図書館という場所へ向かっているという**物理的な移動**を表し，be going to を文字どおりの意味に解釈できるプロトタイプの使い方です。一方，(25b) は，**「昼食を食べる」という行為に気持ちが向かっているという比喩的な使い方**ですが，これが，be going to が未来の行為を表す意味でよく使われる理由です。この形で重要な点は，**ある行為へ向かっている途中**という点です。したがって，(24) では彼が倒れかかっている様子が観察されることが理解できます。では，ここで一つ クイズ です。次の英文 (26a, b) の意味の違いがわかりますか？

(26) a. It's going to snow this afternoon.
b. It will snow this afternoon.

どちらも「今日の午後雪が降りそうだ」という意味を表しますが，(26a) は，雪雲が出て，空が暗くなっているなど，雪が降りそうな状況が見えている場合に，(26b) は，単に予測している場合に使われます。

(27) **Clear** the table.

(27) は「机の上のものを片付けて」という意味を表す命令文です。たとえば，小テストを実施する場合の指示などで使われますが，命令することはまだ行われていないことなので，これからするように命令できるわけです。という意味で，命令文も未来の内容を表していますね。後ほど出てきますが (10.6 節参照)，**動詞の原形のスキーマは「まだ行われていない」**です。

(28) The concert **starts** at 6:00.

(28) では現在形が用いられています。現在形のイメージは，現在の事実でした。コンサートの時間や誕生日，休日などのカレンダー上の予定は，発話時点での確定事項という意味で事実と捉えられますので，現在形で表されるのです。カレンダー上の確定した予定という形で，目の前に事実として存在しているからですね。

(29) **I am about to** leave here.

(29) では，be about to で未来の内容が表されています。about のスキーマは，「何かの周辺・周り」です。to の後ろには，到達点がきます。したがって，**ある行為をまさに始めようとして**

いるところという意味を表します。ここでは,「もうすぐここを出るから」という感じですね。

 (30) The meeting **is scheduled to** be held next Thursday.

(30) の be scheduled to は「to 以下のことが起こるように,計画された状態にある」⇒「〜することが計画されている」という意味で,未来の内容を表しています。

 (31) The meeting **is to** be held next Thursday.

(31) では,「まだ起こっていないこと(原形で表される)に向かった状態にある」という形で未来の内容を表現しています。
 ちなみに,(29),(30),(31) は,(31) の be to という形が基本形で,(29) と (30) は be と to の間に about や scheduled が置かれた表現と整理してもよいでしょう。

 (32) Jack **may** join us later.

 (32) は助動詞の may です。「Jack が後からくるかもしれない」という意味ですが,will だけでなく,未来に起こると予想されることに対する確信の度合いによっては,must, should, may, might などの助動詞も未来を表す表現として使われるわけですね。では,Jack が後から来る可能性がもっと低いと思う場合はどのように表現すればいいでしょうか? そうですね。次の (33) のように might を用いればいいですね。

 (33) Jack **might** join us later.

 以上のように,英語には未来を表す専用の形はないので,状況に応じて,さまざまな形で表現することができるのです。
 では,最後に クイズ です。次の (34) は,「やってみる価値は

あるかもよ」と五分五分の気持ちを表す文ですが,確信度を上げるにはどのような表現に変えればよいでしょうか？

(34) It may be worth a try.

そうですね。may be を,should be, must be, is とすることで段々と確信度が上がりますね。ちなみに,must/should/may/might be 〜 の形は**話し手の予測を表す形**ですが,is は予測でなく**事実を表す形**である点もおさえておきましょう。話者の予測を述べる形と現実を述べる形という意味で全く世界が違いますので気をつけてください。

第 10 章

相の概念（基本・進行・完了）

10.1. 相（aspect）

ここでは，時制とセットで用いられる相という重要な概念について説明します。具体的には，皆さんが，進行形・完了形という言い方で学んできたものがその例です。

相（aspect）というのは，話し手が事態をどのように捉えているかを表すもので，次の三つがあります。

(1) ① 基本相： 全体が均質で，安定感があると捉えられる事態（どこを切っても同じパターンが出てくるイメージ）— do/does/did

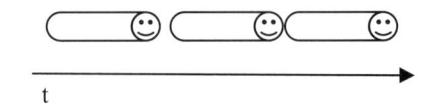

② 進行相： 途中（未完了）を表す（V-ing）— be + V-ing
③ 完了相： 動詞が表すプロセスの最終段階（V-en）— have + V-en（*cf.* 6.8 節）

10.2. 基本相

一つ目の基本相ですが,これは**時間上の1点を任意にピックアップすると,それが全体の代表となる感覚の捉え方**を表します。そこには,事態の全体を見渡し(スキミング: skimming)全体が均質であることを確認した上で,その一時点をサンプルとして取り出す(サンプリング: sampling)イメージがあります。次の例文をみてみましょう。

(2)　I **live** in an apartment by myself.
(3)　I **study** Russian.
(4)　I usually **walk** to the subway station.

(2) は「アパートで一人暮らしをしています」という継続した状態を,(3) は「ロシア語を勉強しています」と 24 時間勉強してはいないが,ロシア語の勉強が継続していることを,そして (4) は,「いつも地下鉄駅まで歩いて行きます」という習慣的に起こることを表していますね。いずれも時間上のどこをピックアップしても起こることを表しています。つまり,**安定感・一体感が感じられる表現**です。金太郎飴(宮浦国江氏のアイディア)やお正月のかまぼこのように,どこを切っても同じ模様が出てくるというイメージですね。

10.3. 進行相——V-ing 形の意味

ここでは,V-ing 形について,そのプロトタイプ事例から周辺事例といった放射状カテゴリーから整理をしておきたいと思います。V-ing 形という形で表される事態は,その意味に多少の違いはあっても共通のイメージが共有されているからです。

まず，V-ing 形のスキーマは，始まりと終わりがあると捉えられる事柄が目の前で生き生きと起こっている**途中です。そこから，未完了，始まりと終わりがある，一時的，変化，強調，**などの意味が文脈によってハイライトされます。

まずはじめに，進行形の途中という意味を関連する一連の表現との比較でみてみましょう。

(5)　She's **going to** *open* the door.
(6)　She's *open***ing** the door.
(7)　She **has** just *open***ed** the door.

(5) の be going to はある行為に向かっている状況を表し，「彼女は，ドアを開けようとしている」という意味，(6) は途中を表し，「彼女はドアを開けている途中」の意味を，(7) は行為が終わった状態を表し，「彼女はちょうどドアを開けたところです」の意味を表します。

次に，動詞の種類別に V-ing 形になるプロセスをみてみましょう。ここでの説明は，Radden and Dirven (2007) という認知言語学者の議論に基づいています。

(8) a.　Jack **ate** an apple.
　　　　（ジャックはリンゴを食べた）

　 b.　Jack **is eating** an apple.
　　　　（ジャックはリンゴを食べている）

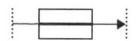

eat などのタイプの動詞は，その事態は終結するもので，終結にはある程度の時間が必要です。

(9) a. Maria **slept** an hour.　　b. Maria **is sleeping**.
　　　（マリアは1時間眠った）　　　（マリアは眠っている）

sleep などのタイプの動詞は，継続できる行為なので時間幅が必要です。

(10) a. The bus **stopped**.　　b. The bus **is stopping**.
　　　（バスが止まった）　　　（バスが止まろうとしている）

stop などのタイプの動詞は，一瞬で起こり，終結するというものです。

(11) a. Rob **hiccupped**.
　　　（ロブはしゃっくりをした）

　　b. Rob **is hiccupping**.
　　　（ロブはしゃっくりをしている）

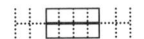

hiccup などのタイプの動詞は，一つ一つの行為は一瞬で起こりますが，何度も繰り返すことで，連続する一連の行為はある程度の時間継続が可能です。

(12) a. I **live** in an apartment.
　　　（私はアパートに住んでいる）

b. **I'm living** in an apartment.

(私は今はアパートに住んでいる)

live などのタイプの動詞は継続した状態を表す，いわゆる状態動詞と呼ばれるものですが，このタイプは be + V-ing 形にすると**始まりと終わりが背景として認識されるようになるため，一時性を表すことになります。**

このように，従来の英文法では，違った種類の動詞として分類されてきましたが，いずれも **be + V-ing 形になった場合は，始まりと終わりがあることの途中にあるというイメージになり，基本的には共通する意味を表す**と言えます。これも**形が同じならば，そこには共通の意味がある**ということの例と考えられますね。構成要素としての動詞よりも，ゲシュタルト（合成体）としての be + V-ing 形という形が持つ意味に注目することは，英語学習に役立つと思われます。

では，ここで，さらに例文を追加してみてみましょう。上の例文で挙げた，open the door, eat an apple のほか，sing a song, cross the street など，始まりと終わりがある行為で，現在その途中にあるという意味を表す時に用いられるのがプロトタイプの進行形です。

(13) Shelly is singing a song.
(シェリーは歌を歌ってる)
(14) Shelly is crossing the street.
(シェリーは通りを渡っている)

いずれも次の図のように始まりと終わりが背景にある事柄の途中というイメージで表せますね。

```
                        Now
                         ▼
t ---------|─────────────────────|---------
```

次に例 (15) の「眠る」という行為は，(13), (14) よりは時間的に長くなりますが，この行為も始まりと終わりが意識され，現在，その行為の途中にあるという内容を表しますね。

(15) The baby **is** sleep**ing**.
　　　（赤ちゃんが眠っている）

では，次の例は少々，プロトタイプからは外れますが，いかがでしょうか？

(16) He is hiccupping.
　　　（彼は，しゃっくりをしている）
(17) He is sneezing.
　　　（彼は，くしゃみをしている）
(18) The water is dripping from the faucet.
　　　（水が蛇口からたれている）
(19) The light is flashing.
　　　（ライトが点滅している）

イメージを図で表すと，次のようになりますね。

```
                    Now
                     ▼
t ----------|●●●●●●●●●●●|----------
```

点の集合になっているところに注目してください。「しゃっくりをする」「くしゃみをする」「蛇口から水が落ちる」「電気が点滅する」という動作は，単体としての一つ一つの動作は一瞬で終わりますが，いずれも短い同じ動作が何度も繰り返される場合が多い

ですね。それらの繰り返される一瞬の小さな動作を，**一連の動作の一つのまとまりと捉えれば，始まりと終わりがあり，その途中という捉え方ができる**ので，V-ing 形で表現できるのです。

では，最後に，次のように一瞬で完了する行為が進行形になる場合はどうでしょうか？

(20) The car is stopping.
(車が止まろうとしている)

(21) My battery is dying.
((携帯の) 充電が切れそう)

stop という動詞は，たとえば，車が止まる場合を考えますと，①「運転手がブレーキを踏み」→ ②「車が減速し」③「停止する」と一連の動作を表しますが，① と ② は背景化され，③ の部分が前景化した表現と考えられます。つまり，その行為は一瞬で終わるかのように思えますが，そこに至るためのプロセスがあってはじめて行為が完了するのです。die についても同様です。生き物が死んだり，バッテリーが切れたりする場合には，背景化されてはいますが，前段階のプロセスがあります。したがって，**これらの動詞が進行形になる場合は，完了した状態ではなく，そこへ至る途中のプロセスにあることを表します**。図で書くと，次のようなイメージになります。

```
                    Now
                     ▼
t -------|~ ~ ~ ~ ~ ~ ~ ~→•-------
```

上の図で，① ② が ~~~→ で表される部分で，③ が●の部分になると考えてください。(21) の充電が切れる場合も同じです。突然切れるわけではなく，① 充電の量が少なくなった表示がされ，② 警告のベルが鳴り，③ 切れるという一連のプロセスがあ

り，①②が 〜〜〜→ の部分，③が●の部分と捉えれば，stop, die という行為も始まりと終わりがあることの途中と解釈できますね。

では，次の文はいかがでしょうか？

(22) A lot of people are dying in Africa because of starvation.

この文は普通,「アフリカでは多くの人が飢えのためどんどん亡くなっている」という意味で理解されます。これは，「始まりと終わりが意識されたことの途中」という be + V-ing のイメージを目の前で起こっている一つの事態に当てはめたのではなく，もう少し長いスパンで起こっている連続する同種の事態に当てはめて解釈した結果，(16)–(19) と同じように解釈されます。つまり，すでに亡くなってしまった人，今亡くなりつつある人，これから亡くなるであろう人が視野に入っています。しかし，それらの事態を安定感のあるものとしてではなく，今現在はそのような状況にあるといった始まりと終わりが意識されているため be + V-ing 形が用いられていると考えられます。このような解釈が可能なのは，発話された文脈や背景知識との相互作用の結果です。つまり，言語表現の意味は，言語表現だけからではなく，文脈情報や背景知識があってはじめて決まるということですね。

10.4. 完了相——have + V-en の意味

次の (23) と (24) の意味の違いがわかりますか？

(23) I **lost** my key.
(24) I **have** *lost* my key.

前に説明しましたように，英語には現在と過去の二つの時制しかありません。そうすると (23) は**過去**，(24) は**現在**ということになります。しかし，(24) は完了相が組み合わさった形です。そこで，過去分詞 (done) のスキーマを確認しておきましょう。過去分詞のスキーマ (6.7 節参照) は，**動詞が表すプロセスの最終段階**です。ここから，① ある事態が完了した状態，結果の意味，② 行為の受け手側にあるという意味が出てきます。つまり，have + V-en (現在完了形) はすでに完了した状態を今現在持っているという意味を表すことになります。ということは，(23) は「鍵をなくした」と単に過去の事実を述べているのに対し，(24) は過去に鍵をなくしたことを今も have しているわけですから，「鍵をなくして，今もない」という内容を表すことになります。やはりここでも，**過去形は距離感のある過去**のことを表していますが，**have + V-en** は過去を引き合いに出してはいますが，あくまで have という現在形の意味が生きており，**現在のことを述べている**表現と言えますね。

10.5. 時制と相を用いた表現法

伝統的な英文法では時制は 12 にも分類されてきましたが，**現在形と過去形という二つの時制を基本に，それに相や助動詞などの表現が付け加えられた**と考えれば簡単に理解することができます。以下，現在・過去という二つの時制それぞれに，基本・進行・完了という三つの相を組み合わせることでさまざまな表現が可能になるという立場で説明をしていきますので，田中茂範氏が採用している時制と相の呼び方 (現在・単純形／現在・進行形／現在・完了形) の考え方を用います。また，未来については，予測形という言葉を用います (9.3 節参照)。

(25)

	過去	現在	予測の世界
基本相	did	do/does	will do
進行相	was/were doing	am/is/are doing	will be doing
完了相	had done	have/has done	will have done
完了進行形	had been doing	have/has been doing	will have been doing

10.5.1. 現在

現在のことは現在形で表し，事態を「安定感のあること」，「始まりと終わりが意識されたことの途中」，「終わったことを持っている状態」のいずれに捉えているかによって，以下の例文のように基本相・進行相・完了相を使い分けます。

(26) My father **grows** tomatoes.
  （父はトマトを栽培している）

(27) "What are you doing?" "I'm *surfing* the net."
  （「今何してる？」「ネット検索してる」）

(28) **Have** you ever *been ticketed* for speeding?
  （スピード違反で捕まったことがありますか）

(29) I **have** *been* using my current cell phone for three years. （今の携帯を3年使っています）

なお，(29) は，過去に行われている途中だったことを今も持っているイメージを表します。

では，ここで一つ クイズ です。次の例文 (30) の意味がわかりますか？

(30) I **wear** glasses, but I'm not **wearing** them now.

wear は現在形ですので，常に事実である（安定感がある）と捉えられていることを，be + wearing は一時的なことを表します

ね。したがって、私は、メガネが必要、つまり、いつもは掛けているけど、今は掛けていないという意味になります。

もう一つ、基本相と進行相の違いを考えてみましょう。

(31) "What do you do?" "I pose."
(32) "What are you doing?" "I'm posing for a picture with the Golden Gate Bridge in the background."

(31) では、「いつもすることは何か」というのが文字どおりの意味ですが、いつもすることとは何でしょうか？ そうですね、普通は職業を表します。よって、この質問文は、「ご職業は？」という意味になります。応答はいかがでしょうか？ ポーズを取りますと言っています。それを常にする職業ですから、「モデルです」ということですね。I'm a model. と答えてもよいわけですが、ここでは、I pose. (山梨正明氏が授業で言及した例文) と答えています。学生さんは、この質問にどう答えますか？ I'm a student. I study in college. などと答えればいいですね。ちなみに、What do you do *after school*? のように修飾語が付くと、「放課後は何をしますか」のように特定の時に習慣的にすることを訊く表現になりますね。

(32) は、始まりと終わりが意識されたことの途中を表す進行形ですから、「何していますか？」と現時点の一時的なことを聞いています。「ゴールデンゲイトブリッジを背景に写真を撮ってもらうのでポーズをとっています」と答えていますね。

10.5.2. 過去

過去のことは現在からの距離感を表す過去形で表し、事態を「単なる出来事」、「始まりと終わりが意識されたことの途中」、「終わったことを持っている状態」のいずれに捉えられているかに

よって，次の例のように基本相・進行相・完了相を使い分けます。

(33) I **called** her thirty minutes ago, but there **was** no answer. （30分前に彼女に電話したけど，出なかったよ）

(34) I **was** driving when you called me.
（電話をくれたとき，運転中だった）

(35) The first period class **had** already *started* when I got to the university.
（大学に着いたとき，1時間目の授業は，すでに始まっていた）

(36) I **had** *been* going out with Sara for two years before we got married.
（サラと結婚する前に2年間付き合っていた）

なお，(36) は過去のある時点でそれより以前から行われている途中のことをもっていたイメージを表します。

文脈によっては，期間を表す語句がなければ，was/were + V-ing 形の文とほぼ同じ内容を表します。たとえば，(37a) では地震が起こる前に何をしていたかがフォーカスされているのに対し，(37b) では地震が起こった時点でしていたことがフォーカスされるという微妙な違いがあります。

(37) a. **I had been doing the dishes** when the earthquake occurred. （地震が起こるまで皿を洗っていた）
   b. **I was doing the dishes** when the earthquake occurred. （皿を洗っている時に，地震が起こった）

(a) I had been doing the dishes.

```
----━━━━▲----------┊--
                   ┊ now
```

▲ = The earthquake occurred.

(b) I was doing the dishes.

```
--------━━━━━━━-----┆-
        ▲           ┆now
```

10.5.3. 未来: will による予測の世界 (will は現在形)

前にお話ししましたように，英語には未来形はありません (9.3 節参照)。未来の内容は発話の時点では事実ではないため，単に予測することしかできないため，予測を表す助動詞 will が用いられます。予測される内容が，「単なる出来事」，「始まりと終わりが意識されたことの途中」，「終わったことを持っている状態」のいずれに捉えられているかによって，基本相，進行相，完了相を使い分けます。

(38) I **will** *leave* early this afternoon.
    (明日の午後は，早退します)

(39) "May I call you about 11:00 p.m.?" "Oh, I'll *be watching* a drama then." (「11 時頃電話してもよいですか？」「その時間は，ドラマを見ています」)

(40) I **will** *have lived* in this town for 20 years next month. (来月で，この町に住んで 20 年になります)

(41) I **will** *have been* driving my current car for six years next month.
    (来月で，今の車を運転し始めて 6 年になります)

(29) (I **have** *been* using my current cell phone for three years.) が現在の**事実**を表すのに対し，(41) はあくまでも**話者の予測**を表すので予測を表す助動詞 will が添えられているだけですね。しかし，**will を用いた場合には，話し手はその実現可能性を 100% 近く信じています。**

10.6. 動詞の原形のイメージは？

さて，これまで，現在形は現在の事実を，過去形は距離感をという二つの動詞の形とそのイメージをみてきました。ここでは，動詞の原形のイメージをみていきます。皆さんは，動詞の原形のイメージをご存じですか？ **動詞の原形のスキーマは「まだ行われていない」です。** 以下の例文をみてみましょう。

(42) Just *sit* down. （まあ，座って）

(43) *Hold* on. （ちょっと待って）

(44) I suggested that John *attend* the meeting.
（僕が，ジョンに会議に出席するよう提案した）

(45) We'll be having a party this coming Friday. Would you care to *join* us?
（今度の金曜にパーティーをするけど参加しない？）

(42)-(45)の例文はいずれも原形がまだ行われていないことを表していますね。

(42)と(43)は命令文と呼ばれる形ですが，先ほども述べたように，命令される内容はまだ行われてないから命令できるわけですね。

(44)はいわゆる，suggest, order, insist など「提案や要求を表す動詞に続く節では動詞は原形になる」というルールとして教えられる内容ですが，これも特別なルールというより，単に**提案や要求の内容はまだ行われていないこと**ですから，**原形**というだけですね。また，次のように考えてもよいでしょう。I suggest は「私は提案した」，that は「あれをね」と提案内容に相手の注意を引く表現，そして，attend the meeting という命令文が続いているのです。John はって？ そうですね。これは，単に，

命令する対象を制限しているだけです。Be quiet! と言えば，特に誰ということなく，全体に「静かに！」という意味ですが，You be quiet! と特定の相手を指さして言えば，「お前，静かにしろ！」と対象を絞ることになるのと同じです。

(45) は to の後ろに原形が続いていますが，to のスキーマは「ある場所や行為に向かう」でした。ここでは，Would you care to ...?「...したいですか？」という文脈との関係から，to 以下の対象は，まだ行われていないことだと相性がよいですので，まだ行われていないことを表す形，動詞の原形が続いています。ちなみに，次の例はいかがでしょうか？ここでは to の後ろに doing という形が用いられていますがなぜかわかりますか？

(46) I look forward to **working** with you.
　　　（一緒にお仕事できるのが，楽しみです）

伝統的な文法では，to を不定詞と前置詞に分けて説明するようですが，感覚英文法では，形が同じなら共通の意味があると考えます。これは，look の意味が「目を向ける」であることとかかわっているように思われます。未来のことを楽しみにしているという意味を表す表現ですが，目を向けるからには，何か具体的なイメージが浮かばないと見えませんよね。そこで，行われていないという意味を表す原形とではなく，何かが行われている途中というイメージの doing と相性がよいわけですね。つまり，時間的な前方に目を向けて，そこに何かが行われているイメージです。ちなみにこの文は，初対面の人に日本語では「よろしくお願いします」と言う状況でも使えます。学校という文脈なら，work を study に換えて，I look forward to studying with you. と言えますね。

10.7. 時制についてクイズ形式で理解を深めよう

では,最後に,これまでみてきた時制と相について クイズ 形式で理解を深めましょう。

クイズ 次の文が間違っている理由は？

(47) *What time **have** you **arrived**?

(48) *I **have eaten** a lot of chocolate when I was a kid.

(47) では,到着した時間を訊いています。到着した時間というのは過去のことですから,過去形で表現されます。have arrived は現在のことなので相性が悪いのです。正しくは,What time *did* you arrive? となります。

(48) では,子供の頃,チョコレートを食べるのが好きだったと過去の話をしていますので,過去形が適切ですね。have eaten は現在形なので相性が悪いのです。正しくは,I *ate* a lot of chocolate when I was a kid. となります。

クイズ 次の (a), (b) の文の意味の違いは？

(49) a. The snow is piling up.
   b. The snow piled up.

(49a) は,is piling up という現在進行形が用いられていますので,雪が降り始めて,積りつつある状態を表します。

(49b) は,過去形 (piled) が用いられていますので,雪はすでにやんでいて,雪が積もっている状況を表します。

クイズ 次の (a)–(d) のうち,間違った文はどれか？ その理由は？

(50) a. Einstein visited Princeton.
   b. Einstein has visited Princeton.

c.　Princeton was visited by Einstein.

　　d.　Princeton has been visited by Einstein.

（松村 (1996: 83-84) 参照）

これは，ある言語表現が正しいか正しくないかは，文の形だけで決まるのではなく，文以外の背景知識ともアクセスして決定される例です。間違った文は，(50b) です。なぜならば，Einsteinはもう生きていないので，現在形の has とは合わないのです。(50a) のように，Einstein が Princeton 大学を訪れたのを過去のこととして述べれば OK です。今生きている人について語るなら，(50b) の表現は正しくなります。たとえば，Obama has visited Princeton. は正しい文ですね。一方，Princeton 大学は今も存在していますので，(50c) のように過去形でも，(50d) のように現在形でも表現できるわけですね。

クイズ　言われると傷つくのは (a), (b) のどっち？

　(51) a.　You are mean.

　　　b.　You are being mean.

傷つくのは (51a) です。なぜならば，現在形だとその安定感のイメージから，いつも意地悪，つまりその人の性格に関する記述になります。一方，(51b) のように現在進行形だと，一時的に意地悪，つまり，その人が行ったある行為が意地悪という意味になります。

クイズ　次の二つの文の意味の違いは？

　(52) a.　**I lost** my keys.

　　　b.　**I have lost** my keys.

(52a) は単に「鍵をなくした」という過去の事実を述べているのに対し，(52b) では，鍵をなくし，まだ見つかっていないという

意味を表します。have（現在形）が用いられているので，鍵をなくしたということが現在とかかわっているわけですね。

クイズ　"Any plans for this weekend?" という質問に対する答えとして自然なのはどっち？

(53) a.　I'm going to play tennis.
　　 b.　I'll play tennis.

正解は (53a) です。なぜならば，「週末の予定は？」と質問されて答える場合は，予定はすでに決まっているのが普通ですから，気持ちがあること（ここではテニスをするという行為）に向かっている途中という意味を表す be going to が適切ですね。will だと今思いついて答える感じになります。

クイズ　Can you answer the door? と頼まれたときの返答として自然なのはどっち？

(54) a.　I'll get it.
　　 b.　I'm going to get it.

正解は (54a) です。なぜなら，「玄関に人が来たので出てくれる？」と頼まれて，「いいよ，私が出ます」と答える場合は，その場で即座に判断していますから，will が適切ですね。

クイズ　ニュアンスの違いは？

(55) a.　**I'll visit** Uncle Mike this summer.
　　 b.　**I'm going to visit** Uncle Mike this summer.
　　 c.　**I'm visiting** Uncle Mike this summer.
　　 d.　**I'll be visiting** Uncle Mike this summer.

(55a–d) はどれも「この夏，マイクおじさんのところへ行くつもりだ」という未来の内容について述べる文ですが，やはり，形が

(55a) の **will + do は今思いついて発言する**というのが基本的な意味ですから，友達と夏休みどうしようかと話していて，「マイクおじさんのところでも行こう」と思いついて発言している感じになります。

(55b) の **be going to do は気持ちがある行為へ向かっている途中**を表しますので，マイクおじさんのところへ行くことはすでに決まっていて，その予定を述べている感じになります。

(55c) の be + doing は進行形ですね。ということは，**ある行為の途中が基本イメージ**です。ということは，この夏マイクおじさんのところを訪問するという行為が，すでに始まっていて，その途中にあるということになりますが，これはどういうことでしょうか？ そうです。始まっているといっても，航空券が手配してあるとか，おじさんの都合も聞いて，日程が決まっているというような始まり方ですね。つまり，(55b) が気持ちの上で決まっているのに対し，(55c) では具体的な行動が起こっているという感じです。このあたりは原則で，会話というのはその他の文脈要素によって補完される面も多々ありますので，必ずしもこの原則どおりとはならない点も言い添えておきます。これが，言語の実際ですね。

(55d) の **will + be doing は，(55c) のある行為の途中であるということを will によって「予測」している形**になりますので，(55c) よりは実現可能性は少々下がり，(55b) と同じくらいの実現度になります。「この夏，マイクおじさんを訪問することになってるんです」という感じです。ホテルのフロントなどで，How long **will** you **be staying**? という表現が用いられますが，これは「予測・意志」の will を添えることで確実性を下げ，丁寧さを表現しているのですね。

クイズ　ニュアンスの違いは？

(56) a.　How long **will** you **be staying**?
   b.　How long **will** you **stay**?

(55) の解説でも触れましたように，(56a) は「予測・意志」の will と「ある行為の途中」を表す be + doing がセットで用いられていますので，すでに決まっている予定に関する，予測を聞いている表現で，「何泊のご予定でしたか？」くらいの丁寧な表現になります。一方，(56b) は滞在期間を今決めて答えるような場合に使いますので，ホテルのフロントでの会話という状況では聞かない表現です。

クイズ　次の英文の意味の違いは？

(57) a.　Jack **has** *been seeing Lola* for five years.
   b.　Jack **had** *been seeing Lola* for two years when he entered college.
   c.　Jack **will** *have been seeing Lola* for five years this coming July.
   d.　Jack **would** *have been seeing Lola* for five years this coming July.

ここでのポイントは，have (現在の事実)，had (過去の事実)，will (予測)，would (仮定上の予測) の違いですね。

(57a) では，Jack が Lola と付き合って5年になるのは今のことです。

(57b) では，大学に入ったとき，Jack は Lola と2年間付き合っていたという意味を表します。

(57c) では，予測の will が使われています。しかし，will を使う場合の発話者の気持ちは，100％そうなると思うけどとい

う確信度です。もしも確信度がそれより低い場合は，should, may, might などを用いることになります。つまり，「この 7 月で Jack は Lola と付き合って 5 年になる」ということですね。しかし，7 月が来てみないと，まだ事実にはなっていないので，予測の will が使われているのです。

では，(57d) はどうでしょうか？ここでは，will の過去形 would が使われています。これは，**現実からの距離感を表します**ので，現実は，Jack と Lola はもう付き合っていないのですが，もしもまだ付き合っていたら，この 7 月で 5 年になるのにという内容を表しています。

クイズ　どのような状況が思い浮かびますか？

(58) a.　My father smokes.
　　 b.　My father is smoking.

(58a) では，単純相が用いられていますので，時間上のどの一時点をピックアップしてもそれが全体の代表になるという安定感のある捉え方がされますので，父がたばこを吸う習慣があるという意味になります。(58b) では進行相が用いられていますので，始まりと終わりがあると捉えられていることの「途中」を表しますので，今たばこを吸っている最中という意味になります。

クイズ　意味の違いは？

(59) a.　John insisted that Maria **pay** the bill.
　　 b.　John insisted that Maria **paid/had paid** the bill.
　　 c.　John insisted that Maria **pays** the bill.

ここでは，原形・過去形・現在形の違いがポイントです。原形はまだ行われていないがスキーマ，過去形は過去の事実を表します。現在形は，現在の事実です。(59a) では，原形が用いられて

いますので，John が insist した内容がまだ行われていないことになります。つまり，Maria は勘定をまだ払っていないことになりますので，「John が Maria に勘定を払うように言った」という意味を表します。(59b) では，過去形が使われていますので，Maria が勘定を払ったのは過去の事実です。よって，「Maria は勘定を払ったと John が言った」という意味を表します。(59c) は Maria pays the bill. と現在形が用いられていますので，時間上のどこをピックアップしても均質な安定感，つまり，習慣が表され，Maria は勘定をちゃんと払う習慣があるということですね。

では最後に，提案・要求する内容は，まだ行われていないことなので原形が用いられる (59a) のタイプの例文をもう少しみてみましょう。

(60) a. What do you **propose** he *do*?
(彼がどうすることを提案しますか？)

b. The DVD rental shop **insisted** that he *pay* for the lost DVD. He should have purchased an insurance policy to protect himself from such a loss.
(DVD レンタルショップは，彼に紛失した DVD の代金を支払うように要求した。彼は，そのような場合に備えた保険に入っておくべきだったと思うよ)

いずれもまだ行われていないことを，提案したり，要求したりしていますので，原形が用いられている感覚を確認しましょう。ちなみに，(60a, b) の原形の部分はそれぞれ，should do, should pay と should を入れて表現することもできます。

第 11 章

過去形と丁寧表現

11.1. 過去形のスキーマ

第 9 章でもお話ししましたが,過去形のスキーマは距離感です。この距離感・離れた感覚から次のような使い方が可能になるわけです。これも,形が同じならばそこには共通の意味があるということの一例です。

重要！— 過去形のスキーマは距離感
(1) 時間的な距離感
 I **was** going out with Maria.
(2) 相手からの距離: 丁寧表現
 Would you be the facilitator?
(3) 現実からの距離: 仮定法
 If I **had** time to spare, I **would accept** the job offer.

例文 (1) は,皆さんよくご存じの**時間的な距離**を表す過去形ですね。「Maria と付き合っていた」という意味を表しますが,時間的に離れたことを表し,普通は,今は付き合っていないということも含意されますね。

例文 (2) は，丁寧表現です。Will you ...? を用いる代わりに，Will の過去形 Would を用いることで，相手との距離感が出てくるため，相手に心理的にあまり近づかないという感覚が生まれ，丁寧さを表す表現となります。「進行役をお願いできませんか？」という意味ですが，もしも可能ならば，という現実からの距離感もともに表しているといえます。

例文 (3) は「時間があれば，その仕事を引き受けるのですが」という意味を表しますが，実際は時間がなく，その仕事を受けることができない人が，事実の反対を述べることで丁寧に依頼を断っている文です。また，時間があれば引き受けたいという気持ちも表すことができます。つまり，現実からの距離と相手からの距離の両方を含んだ表現であると考えることができます。

また，次の例 (4) のように，助動詞を過去形にすることで，実現可能性の低さを表すことがありますが，これも過去形が距離感を表すことの一つの例にすぎません。

(4) I **might/may** go to the U.S this summer.

may を might にすることで，実現可能性の低さを表すことができます。この夏，アメリカへ行く可能性が may だと 50% 程度であるのに対し，might だと 20 〜 30% 程度に下がります。

つまり，**過去形のスキーマは距離感**であり，**時間・相手・現実といった三つの距離感**を表しますが，この三つはお互い排他的なものではなく，文脈によってどの距離感がより前景化するかという問題にすぎないといえるのです。

11.2. 相手からの距離感を表す過去形

例文 (5a-g) をみてみましょう。バイト先が同じ友人から，用

事ができたので今夜の仕事を代わってほしいと頼まれた場面で，皆さんなら，どの表現で依頼されたら，代わってあげますか？

(5) a. Fill in for me tonight.
b. Please fill in for me tonight.
c. Will/Can you fill in for me tonight?
d. Do you mind filling in for me tonight?
e. **Would/Could** you fill in for me tonight?
f. **Would** you mind filling in for me tonight?
g. I **was** wondering if you could fill in for me tonight.

(5a) は「今夜代われよ」といったかなり強い命令と言えます。(5b) では「今夜代わってください」といった感じですが，なんかこれも強引ですね。(5c) では「今夜代わってくれる？」といった感じです。(5d) では「今夜代わってもらえませんか？」とだいぶん丁寧な表現になりましたね。(5e, f) では過去形の登場です。「もし可能なら」という現実から離れた感覚が入ってきます。(5g) のように，I was wondering if ... となれば，さらに丁寧ですね。このように，**表現を丁寧にする方法の一つとして，過去形の距離感を使うということが頻繁に行われます**。簡単ですよね。

さらにもう一つ，「コピーを取らせてもらえますか？」と依頼する場合について，過去形を用いることで丁寧さを上げる例もあげておきます。(6) では，下へいくほど丁寧な依頼表現になります。

(6) a. Can I make a copy of this?
b. **Could** I make a copy of this?
c. *Is it all right if* I make a copy of this?

  d. **Would** it be all right if **I made** a copy of this?

  e. I **was** wondering if I could make a copy of this.

このように，**丁寧さを上げるには，表現を長くすること，過去形を用いること**などの方法があります。

 しかし，いつも表現を長くしたり，過去形を用いると丁寧になるとは限らない点にも留意する必要があります。たとえば，(7)-(9) のように，**相手にとってプラスになることを述べる場合は，命令文の形を使いますが，強いイメージはなく，むしろ，フレンドリーな感じになります**（遠山 (1998: 58-61)）。

 (7) Have a seat.
   （座ってください！）

 (8) Make yourself at home.
   （くつろいでください！）

 (9) Just join us.
   （参加しなよ！）

 また，どのレベルの丁寧表現を使うかは，頼むことがらの難しさ，相手との人間関係などさまざまな要因が考慮されて，その都度最適なものを選ぶ必要があります。

11.3. 現実からの距離感を表す過去形

 次の例文 (10), (11) をみてみましょう。(a) と (b) の意味の違いがわかりますか？

 (10) a. If the traffic **isn't** heavy, we **can make** it for the plane.

   b. If the traffic **weren't** heavy, we **could make** it for the plane.

(11) a. I hope I **can** join you.
　　b. I wish I **could** join you.

いずれも，(a) では現在形，(b) では過去形が使われています。(b) は仮定法と呼ばれている文です。仮定法で過去形が使われるのは，**現実からの距離感**や相手からの距離感（丁寧さ）を表すためにすぎません。

(10a) の文は，「渋滞していなければ，飛行機に間に合うよ」と渋滞しているか，渋滞していないかわからない状況で，渋滞していない場合には間に合うと予測をしている文です。一方，(10b) の文は，現実は渋滞しているために間に合わない状況を，「渋滞してなければ，飛行機に間に合うのに」と事実とは反対の側面から述べている表現です。

(11a) の文は，参加できるかどうかわからない状況で，「参加できるといいのですが」と希望を述べている文ですが，(11b) は実際，参加することができない状況で，「参加できるといいのですが」と事実の反対の側面から述べることで，表現をソフトにして依頼を断っています。現実からの距離感だけでなく，相手に対する丁寧さも表す表現です。

11.4. 丁寧表現を作ってみましょう

ここでは，丁寧表現を作る練習をしてみましょう。

練習問題　次の表現を丁寧な言い方に変えてみましょう。

(12)　Can you help me out?

(13)　What kind of pants do you have in mind?

(14)　What is your name, again?

(15) I'm sorry I can't.

(16) You can't join us because you smoke.

いかがでしょうか？ できましたか？ では，一つずつみていきましょう。

(12) は，「助けてもらえる？」という意味を表しますが，Could you help me out? と Can を Could に変えることで，丁寧な表現にすることができますね。もちろん，Would you mind helping me out? / I was wondering if you could help me out. など，答えはいろいろありますが，単純に，過去形を使うことでまずは OK です。ちなみに，Can you help me? と out を使わない場合もありますが，out が使われているのがなぜかわかりますか？ 助けを求める人は，どのような状態にあるでしょうか？ そうです。I'm in trouble. といった困った状態にあります。**困った状態の中にある人を，そこから助け出すイメージで out が用いられているのです。**help した結果，me out の状態，つまり，I'm out of trouble. になるわけですね。me と out が並置されていますので，そこには me が out の状態にあるという意味がありましたね (6.6 節参照)。

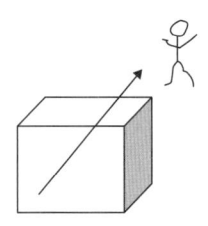

I'm in trouble.　　　　Can you help me out?

(13) は店舗などで使われる定番表現。「今日はどのようなパン

ツをお求めでしたか」という表現にするには，このままでは，ちょっと強すぎます。そこで，What kind of pants **did** you have in mind? と過去形の登場です。過去形にするだけで，距離感が出てきて，丁寧表現になります。

(14) は相手の名前を以前訊いたのに忘れた場合に訊き返す表現ですが，これもこのままではちょっと強すぎます。What was your name, again? と過去形を使うことで，丁寧にすることができます。もちろん，Could I have your name, again? / May I ask your name, again? などさまざまな言い方が可能です。

(15) は「申し訳ないが，できません」という意味を表しますが，これも I wish I could. と現実の反対の側面から述べることで，できないという面ではなく，できればいいのですがという希望の側面を前面に出すことで，表現をソフトにすることができます。しかし，どちらの表現を選ぶかは，時と場合によります。

(16) は「君はたばこを吸うから参加できないよ」とちょっと強いですね。これも，現実の反対の側面を前面に出すことで，同じ内容をよりソフトに伝えることができます。You could join us if you didn't smoke. とすればいいですね。

11.5. 過去形を用いた興味深い表現

最後に，過去形を用いた興味深い表現をいくつかみてみたいと思います。まず，次の英文が表す意味内容を考えてみてください。

(17) I wish I **had** that problem.
(18) If I **were** you, I **wouldn't do** that.
(19) We're going *karaoke* tonight. **Would** you like to

come?

(20) I **couldn't** agree more.

(21) You **could have told** me.

これらの表現の意味内容を考えるにあたって、4.4節の比喩のところでも述べた、言語表現は基本的には参照点であり、その言語表現という参照点を出発点とし、発話の文脈や背景知識にアクセスしながら、推論することで話者の伝えたいメッセージというターゲットに辿り着くというコミュニケーションの基本原則を思い出してください。では、(17)から順にみていきましょう。

(17) (I wish I had that problem.) は、「私もその問題を持っていればなぁ〜」と表現することで、日本語では「贅沢な悩みだよ」と表現される内容を表すと考えられます。

(18) (If I were you, I wouldn't do that.) は、「僕なら、そんなことはしないよ」という意味ですが、If I were you は相手の立場に立って、アドバイスをする時によく用いられる表現です。ほかにも、「もし、君の立場なら...」という内容を表すのに、If I were in your place / If I were in your shoes などもよく使われますので覚えておくと便利ですよ。

(19) (We're going *karaoke* tonight. Would you like to come?) は、「今夜、カラオケに行くけど、来ない？」と誘う表現ですが、Would you like to ...? は「...しませんか？」と丁寧に人を誘う時に用いられる表現ですが、would (will の過去形) を使うことで、表現がソフトになっていますね。中学の時に、「〜したい」という内容を表す表現、I'd like to ... は I want to ... よりも丁寧ということを習ったことがあるかもしれませんが、この場合の I'd (= I would) が丁寧になるのも過去形が用いられているからです。

(20) (I couldn't agree more.) は,「大賛成！」という意味ですが, なぜこのような意味になるかというと,「今賛成している以上の賛成は存在し得ない」という意味から, 今が最も賛成した状態というメッセージが推論によって引き出されるのです。現在形 can't を使って, I can't agree more. と言う人もいますが, これもほぼ同じ内容を表します。ほかにも類似の表現がありますので, 次の (22a, b, c, d) の意味内容も考えてみましょう。

(22) a. "How's it going?" "Couldn't be better."
  b. "I'm sorry I forgot the appointment." "You don't have to worry. I couldn't care less."
  c. He couldn't be happier.
  d. You couldn't ask for better weather.

いかがでしたか？ では, 確認してみましょう。

(22a) は「最近どう？」「最高！」という意味です。Couldn't be better. (= It couldn't be better.) は現状より良い状態は存在し得ない（くらいに現状は良い）ということですね。ちなみに, Couldn't be worse. なら, 現状よりも悪い状態は考えられない（くらいに悪い）ということで,「最悪」という意味を表します。

(22b) は「約束を忘れていてごめんなさい」「気にしなくていいよ。全然, 気にしてないから」という意味になりますが, I couldn't care less (than I care now). で, 現状よりも気にしないことはあり得ない（くらいに現状は気にしていない）ということですね。

(22c) は「彼は, 最高に幸せ」という意味です。なぜなら, 現状よりも幸せということがあり得ない（くらい今が幸せ）ということです。つまり, He couldn't be happier than he is now. ということですね。

(22d) は「願ってもない天気だよ」という意味です。これ以上の天気は望めないということですね。

(21) (You could have told me.) は，文字どおりには，「君は私に話すことができたのに，現実には，話さなかった」ということですので，ここから，推論的に「言ってくれればよかったのに」くらいのメッセージが理解されます。could の代わりに，might を使うこともできます。might の場合も，「私に言うという選択肢もあったのに言わなかった」ということから，「言ってくれればよかったのに」という意味が推論されますね。もう一つ，関連して，次の例はどんな意味を表すかわかりますか？

(23)　You could have fooled me.

これは，「君は私をだます可能性があったが，現実にはだまされなかった」ということですので，ここから推論される意味は，「だまされないぞ」「だまされるところだったよ」くらいですね。相手の言うことが信じられないときに用いられる表現です。

以上の表現の中には，学校英文法では，「仮定法」という項目で習ったものがあると思います。11.3節でもお話ししたように，仮定法も単に，動詞や助動詞の過去形を用いることで，現実や相手からの距離感を表している表現にすぎません。過去形のコアイメージは距離感であり，状況によって，現在からの距離，現実からの距離，相手からの距離を表すということさえ押さえておけば，ダイナミックに過去形を用いることができます。

第 12 章

動詞の二つの用法
―― 動詞に状態動詞，動作動詞という区分があるの？――

12.1. 名詞の二つの用法（おさらい）

　Langacker という認知言語学者の認知文法の理論に基づき，第 8 章で名詞について，名詞自体に可算名詞と不可算名詞という区別があるのではなく，基本的には，どの名詞も文脈によって可算にも不可算にも捉えることができるというお話をしました。この章では，上に述べた**名詞について言えることが動詞にも並行的に当てはまる**ということについて紹介したいと思います。

　これまで日本の英語教育では，名詞には「可算名詞」と「不可算名詞」という区分があり，動詞には「動作動詞」と「状態動詞」があると教えられてきました。しかし，実際の言語使用の場面では，文脈によっては，可算名詞と区分されるものが不可算名詞として振る舞ったり，不可算名詞と区分されるものが可算名詞として振る舞ったりする現象が観察されます（第 8 章を参照）。では，名詞の例を一つ復習してみましょう。次は，第 8 章でも取り上げた大学入試センター試験の問題からですが，考えてみてください。

(1) You've got (　) on your tie. Did you have fried eggs for breakfast?

① a few eggs　　② an egg
③ some egg　　④ some eggs

(2009センター試験: 第2問A: 問5)

さて，どの選択肢が適当かわかりましたか？「ネクタイに卵ついてるよ。朝，目玉焼き食べたの？」という内容の英文ですから，ネクタイについているのは原形を留めていない卵の黄身か何かと考えられます。したがって，③ の some egg が正解です。② は，an egg となっていますので，一つの原形を留めた丸ごとの卵。① と ④ は，eggs と複数形になっていますので，原形を留めた丸ごとの卵二つ以上を表しますので，この文脈では不自然な表現になります。つまり，ある名詞を，決まった形がありそれ以上分割はしないと捉える場合は，可算扱いし，決まった形はなく，自由に分割可能と捉える場合は不可算扱いするのです。もし，You've got some eggs on your tie. と言えば，ネクタイに，丸ごとの卵がいくつもくっついているか，卵模様のネクタイということになってしまいます。

第8章の繰り返しになりますが，もう一度，名詞の「可算用法」と「不可算用法」のスキーマを復習しておきましょう。

(2) a. **可算用法 (数量):**
① 区切りがあり，それ以上分割できない
② 内部は不均質と捉えられる
③ 数を増やすには，複製する必要がある

b. **不可算 (質量) 用法:**
① 区切りはなく，分割可能
② 内部は均質と捉えられる

③ 伸縮自在

ここで，可算名詞・不可算名詞ではなく，可算用法・不可算用法と記述したのは，**名詞自体に可算（countable: count）と不可算（uncountable: mass）という区別があるわけでなく，それぞれの状況で人間が事物を可算・不可算のどちらと捉えるかが，名詞の用法として反映されている**と考えるからでしたね。さらに，どちらの用法にもプロトタイプ事例（典型事例）から中間事例，周辺事例が放射状に分布しますが，いずれもスキーマに縛られていると考えられます。しかし，スキーマがどの程度実現されるかの度合いはプロトタイプ事例か周辺事例かで異なります。

この名詞について述べたのと同様の概念が，動詞においても当てはまり，学校文法で皆さんが状態動詞として学んだ動詞が文脈によっては動作動詞として振る舞う場合やその逆の振る舞いをみせることがあります。しかし，これまでの英語教育では，いずれも例外として片付けられてきました。そのような従来の学習方法では，一つ一つの名詞について可算か不可算か，動詞について動作か状態かといった情報を記憶し，さらには，例外的な用法としてはどのような場合があるかも記憶することが求められます。この学習方法の問題点は，多大なる時間がかかることに加え，予測する力もつかないといった点なのです。では，次の節以降で，動詞についてみていきましょう。

12.2. 動詞の完了用法と未完了用法

名詞の「可算用法」と「不可算用法」の関係が，時間レベルでは，動詞にも並行的に適応できるというのが，Langacker が主張するところです。これは，空間における count/mass の概念

が，時間に比喩的に用いられたと考えることもできます (4.4.2 節 (14) 参照)。Langacker は動詞の完了用法 (perfective) と未完了用法 (imperfective) という用語を用いて説明していますので，この概念から簡単に確認しておきましょう。それぞれのイメージをまとめると次のようになります。

(3) a. **完了用法** (perfective)：　従来の**動作動詞**に対応。名詞では，**可算名詞**に対応する。
① 時間における区切り (始まりと終わり) がある
② さまざまな動きのまとまりで一つの動作になっている
③ 動作を繰り返すことができる

b. **未完了用法** (imperfective)：　従来の**状態動詞**に対応。名詞では，**不可算名詞**に対応する。
① 時間における区切り (始まりと終わり) がない
② 時間上のどこを取っても同じという安定感がある
③ 区切りがない事態なので，動作の繰り返しはできない

ざっくり言えば，完了用法はプロセスに始まりと終わりがあり完結すると捉えられるのに対し，未完了用法は，完結することなく永続的に続くと捉えられますので，前者が動作 (一時的)，後者が状態 (安定感がある) に対応します。

ここでも名詞に可算・不可算という区別があるのではなかったのと同様に，**動詞にも perfective な動詞と imperfective な動詞という区別があるわけでなく，それぞれの状況で人間がその動詞によって表される事態をどのように捉えるかの問題です。**つまり，言語はダイナミックなものなので，使用される文脈との関係で変化するという考え方を取っています。

12.3. 現在進行形と現在形の違い

ここでは，これまで紹介してきました，Langacker の認知文法の考え方を実際の英語学習に応用してみたいと思います。具体的には，現在進行形 (am/is/are + V-ing) と現在形 (am/is/are/do/does) の違いについて考えていきます。なぜなら，動詞が perfective と捉えられる場合は，現在進行形となり，imperfective と捉えられる場合は，現在形となるからです。皆さんは，学校の授業や参考書で状態動詞は進行形にならないが，動作動詞は進行形になる。状態動詞も例外的に進行形になる場合があると習ったことがあるかと思います。ここでは，認知文法の考え方に基づき，よりわかりやすく，柔軟性のある知識として身につくように整理していきます。それでは始めましょう。

これまでこの本でお話ししてきた，**英語は日本語には訳せない，訳すからわからなくなることが多い**という視点から，考えていきましょう。皆さんは，次の日本文の内容を英語で表現しなさいと言われたら，どのように表現しますか？

(4) a. 英語を勉強しますか？
b. 英語を勉強していますか？

これらの日本文は，発話の文脈がないと英語には訳すことができないのではないでしょうか？

(4a) の文は，これからの予定を訊いていると解釈すれば，Will you study English? / Are you going to study English? / Are you planning to study English? などと表現できるでしょうし，いつも勉強しているかどうかという習慣を訊いていると解釈するなら，Do you study English? となります。一方，(4b) の文も，習慣の解釈が可能ですから，その場合は，Do you study English? となり，今何をしている最中かということが訊きたい文脈なら，Are you studying English? となります。つまり，「...する」は現在形，「...している」は現在進行形といった，日本語訳と一対一に対応させた学習方法では，現在形と現在進行形を使いきれるようにはならないのです。では，ここで次の例文をみてください。

(5) a. Do you **study** English?
b. **Are** you **studying** English?

(5a) は現在形，(5b) は現在進行形 (be + V-ing 形) ですが，意味の違いはどのようになるでしょうか？

(5a) では，**どの時点をピックアップしても同じことが起こるという安定感のある感覚を表す**現在形 (study) が用いられています。つまり，英語を勉強する習慣があるかどうかを尋ねる表現です。学校英語では，「英語を勉強しますか？」と訳されますが，日本語では「英語を勉強していますか？」と訊くほうがより自然な表現と感じます。一方，(5b) は，相手が何かを勉強しているときに，「英語を勉強してるの？」と始まりと終わりがあることの今途中と捉えられていることを表す表現です。

つまり，同じ study という動詞が，現在形で用いられた場合は，**全体が均質な安定感のある事態から発話時に事実と捉えられることをピックアップして表現**されているのに対し，be + V-ing 形 (現在進行形) で用いられた場合は，**始まりと終わりが意識されていることの途中 (一時的な感じ) である点が表現**されているということなのです。

つまり，現在形，現在進行形という形にそれぞれ，次に示すスキーマがあり，**個々の動詞の意味と現在形，現在進行形という形が持つ意味とが相互作用した結果，全体の意味が理解される**と考

(6) ① **現在形のスキーマ**
事態の始まりと終わりは意識されず，どこを取っても**均質（同じ）**と捉えられる場合，現在形を用いることができる。（**永続的なこと／安定感のあること**）
② **現在進行形のスキーマ**
事態の始まりと終わりが意識され，現在，始まりと終わりのあることの**途中**と捉えられる場合，be + V-ing の形を用いることができる。（**一時的なこと／生き生きと動いている感覚**）

人がある動作を「初めと終わりがあり，今その動作の途中である」と捉える場合に現在進行形（be + V-ing）で表現できるのです。一方，人がある状態を「その状態はいつでも同じで，任意のどの時点も均質である」と捉える場合，現在形で表現できるのです。つまり，金太郎飴のようなイメージです。いずれの場合も，プロトタイプから中間事例〜周辺事例まで分布があります。つまり，V-ing 形になる事態のすべてがスキーマの条件を全部満たすのではなく，プロトタイプは「途中，一時的」ですが，途中，一時的なものには変化があるというつながりから，変化という意味を表す場合も周辺事例として V-ing 形のカテゴリーに入るといったように何らかの関連した意味を表すものが一つの V-ing 形というカテゴリーとしてまとまっていると柔軟性をもって考えることが大切です。

現在形の場合も同様で，プロトタイプは，均質，永続的，安定感があると捉えられますが，一つ一つは始まりと終わりのある動作であっても何度も同じ動作が繰り返されれば全体を視野に入れ

て見れば習慣の解釈を受けて永続的な安定性を表すので，同じ形にカテゴリー化されるわけです。ちょうど，鳥にもスズメ，ハトといった典型的な鳥から，ニワトリ，ガチョウ，ペンギンといった中間〜周辺事例的な鳥までが鳥のカテゴリーに入るのと同じ考え方です。

12.4. 現在形と現在進行形の意味の比較

ここでは，現在形（**永続的な安定感を表す**）と現在進行形（**be + V-ing: 一時的なこと／生き生きと動いている感覚**）の意味の違いをいくつかの例文を基に，考えていきましょう。

次の二つの文の意味の違いがわかりますか？

(7) a.　John drinks.
　　b.　John is drinking.

(7a) は，現在形（drinks）が使われていますので，時間上のどこをピックアップしても均質な安定感があるという捉え方がされますので，「ジョンは酒を飲む」という習慣の意味になります。(7b) は始まりと終わりが意識されたことの途中を表しますので，「現在酒を飲むという行為の途中，つまり，今酒を飲んでいる」という一時的な面が前景化された表現となります。

例文 (8) で，「自動車学校に通っている」という意味では，普通 (a) と (b) のどちらが使われると思いますか？

(8) a.　I go to a driving school.
　　b.　I'm going to a driving school.

自動車学校は普通 1, 2 か月で終了するものなので，始まりと終わりが意識されており，現在その途中だというのがぴったりきま

すので，(8b) が適切です。一方，(8a) の現在形は，何かこの発話の背景となる文脈が必要です。このままだと，何年も自動車学校に通っていることになってしまいます。たとえば，I go to a driving school twice a week. とすれば週2回通っているという定期的に行われる行為を表しますので，1, 2か月という期間でも，事態の始まりと終わりは意識されず，どこを取っても同じ安定感のある行為と捉えることができます（遠山 (1998: 33-34)）。

つまり，客観的にはすべての事態に始まりと終わりはあるのですが，その事態を言語化する人間が，始まりと終わりを意識して捉えるか，同じことがいつでも起こるという均質な面を捉えるかで，現在進行形を使うか，現在形を使うかが決まるわけですね。

例文 (9) で，「Fox 大学の学生です」という内容を表す場合，普通用いられるのはどちらでしょうか？

(9) a. I go to Fox-U.
　　b. I'm going to Fox-U.

これも (7), (8) と同様に考えられます。Fox 大学へ通っているという事態のどこをとっても均質と捉えた場合が (9a)，つまり，大学はふつう4年間通うわけですが，大学生である間に始まりと終わりを意識している人より，毎日同じことが繰り返されているという安定した感覚を前景化する人のほうが多いと思われますので，ふつう (9a) が使われます。ところが，交換留学生などで，ある一定期間だけ Fox 大学へ通っている場合は，(9b) が好まれるようです。あるネイティブスピーカーは，Fox 大学へ通うことが，自分がフルタイムでやっていることならば (9a)，あれもこれもとやっていることの一つなら (9b) を使うというコメントをしてくれましたが，これも永続的か一時的かという区別の延長線上で考えられますね。もちろん，(9b) は，Where are you going?(どこ行ってるの?)という問いに対する答えとしても用いられます。この場合は,(9b)の文の意味はFox大学へ向かって移動している途中という意味になります。

次の二つの文の意味の違いは?

(10) a.　A statue by Rodin stands in the lobby.
　　 b.　A statue by Rodin is standing in the lobby.

(Lee (2001: 150) 参照)

これは,(10a)はロダンの考える人の像が永続的に博物館のロビーに立っていると述べている(安定感がハイライトされている)のに対し,(10b)では,ロダン展が行われていて,その会期中に限り,ロダンの考える人が一時的にロビーに立っているという(一時性がハイライトされた)意味になります。

次の二つの文の意味の違いは?

(11) a.　You look a bit like Obama.
　　 b.　You're looking a bit like Obama.

(11a)は永続的な安定感を示しますので,「君はオバマに似ている」となるのに対し,(11b)は一時的にオバマに似ているということを表します。一時的に似ているとはどういうことでしょうか? そうですね,服装や髪型が似ているということです。

次のうち早送りボタンが故障しているのはどちらでしょうか?

(12) a.　This DVD player lacks a skip button.
　　 b.　This DVD player is lacking a skip button.

(Lee (2001: 150) 参照)

(12b)が故障中を表しています。(12a)はこのDVD playerには頭出しボタンがないという永続的な意味ですから,製品として

付いていないのですね。たとえば,機器本体には,早送りボタンがなく,リモコンでのみ操作できる DVD プレイヤーのことです。(12b) は早送りボタンが,一時的にないわけですから,故障したか何かの理由で一時的にないということになります。

次の二つの文の意味の違いは？

(13) a.　Maria resembles her mother.
　　 b.　Maria is resembling her mother more and more.

この例は,周辺事例になります。一時的,途中というプロトタイプの意味を少々拡張して考える必要があります。**be + V-ing 形の「途中・一時的」というイメージと一時的なものは,変化するという関連性から,例文 (13) は「変化」の意味が前景化した表現**と言えます。したがって,(13a) は,Maria が「母親似である」というのは永続的で安定感がある面が前景化した表現ですが,(13b) は**変化するという面が前景化**されて「Maria はだんだんと母親に似てきている」という意味になります。

このように,スキーマというのは,第 1 章でもお話ししましたように,カテゴリー化の原則に基づいていますので,**be + V-ing 形になる事態のすべてが同じ意味を表すのではなく,途中,一時的,変化というように何らかの関連した意味を表すものが一つの be + V-ing 形というカテゴリーとしてまとまっていると考えることが大切です。**家族の構成員はそれぞれどこか似ているところがあるように,あるカテゴリーのメンバーもどこか似ているところがあるので,一つのカテゴリーにまとめられるわけです。Wittgenstein (ウィトゲンシュタイン) はこのことを家族的類似性と言っています。

次の二つの文の意味の違いは？

(14) a. He is weird.
　　b. He is being weird.

(14a) は「彼は変な人」といった永続的な意味を，(14b) は「(今日は) 彼は何か変だ」，または「彼が行ったある行為や言動が変だ」といった一時的 (特定的) な意味を表します。では，次の例文はどんな意味になるでしょうか？

(15) a. She is just being funny.
　　b. She is just being polite.

(15a) は，一時的に，おもしろく振る舞っているということですから，「冗談を言っているんだよ／受け狙いだよ」という意味になります。(15b) は，一時的に彼女が礼儀正しいとはどういうことでしょう？「社交辞令だよ」くらいの意味ですね。さらに，もう一つ，次の例はいかがでしょうか？

(16) 　You're being kind today.

「今日は，やけに親切だけど...」といった感じです。この人は，いつもは，親切でないのですね。
　次の二つの文の意味の違いは？

(17) a. I live in an apartment by myself.
　　b. I'm living in an apartment while my house is being remodeled.

ここでは，(17a) は「アパートで1人暮らしをしている」と初めと終わりが意識されず，永続的な面のほうが前景化した意味なのに対し，(17b) では「家が改装中で，今はアパートに住んでいる」と一時的な面が前景化されていますね。関連して，I'm living with my girlfriend. はどんな意味を表すかわかりますか？　一つの読みは、「今は，彼女と住んでいます」といった一時的な意味を，もう一つの読みは、「彼女と生活しています」といった，掃除，洗濯，買い物など，具体的な行為が前景化した表現だというコメントもあるネイティブスピーカーからはありました。つまり，言語表現の意味は，最終的には，文脈情報や背景知識などの言語表現以外の要素とも相互作用した結果決まるわけです。言語にはあいまいさがあるのが現実です。

　次の二つの文の意味の違いは？

(18) a.　Lola likes her new class teacher.
　　 b.　Lola is liking her new class teacher more and more every day.

ここでは，(18a)はローラが新しいクラス担任の先生を気に入っているという永続的な面が前景化され，(18b)では毎日，だんだんと好きになってきていると変化の面が前景化されていますね。

　次の二つの文の意味の違いは？

(19) a.　This train stops at Hamamatsu.
　　 b.　The train is stopping.

ここでは，(19a)は「この列車は浜松に停車する」というスケジュール，つまり安定した出来事を前景化していますね。このような，決まり事というのも均質，永続的なカテゴリーと捉えられますので，現在単純形が使えるのですね。一方，(19b)は「止まる」という一瞬で完了する行為の途中を表します。止まるという単体としての行為は，完了は一瞬ですが，そのための準備段階から始まると考えることができます。この場合は，列車がブレーキをかけて，減速し，停車に向かっているという一連のプロセスの

途中ということになりますので，止まりかかっているという意味を表せるわけですね。

次の二つの文の意味の違いは？

(20) a. I love it!
　　 b. I'm loving it!

ここでの (20b) は，マクドナルドが，コマーシャルで使っているキャッチフレーズですが，これも V-ing 形のスキーマから説明ができます。あるネイティブスピーカーからは，(20b) の表現は，(20a) よりもフレンドリーで，マクドナルドが，誰でも気楽に食事を楽しめる場所だということを宣伝するために使ったフレーズだというコメントがありました。一時的に，love という感情がこみ上げてくるといった強調した感じで，「これ好き！これいいね！」という意味で，好きなものは楽しめるというメトニミーリンク（隣接性に基づく比喩的つながり）(4.4.3 節を参照)から，食事を楽しんでいるという気持ちを表した表現 (I'm enjoying it.) と言えましょう。類似した表現に，① I'm loving you right now. や ② I'm loving your performance. というのがあります。これらの表現は，ネイティブスピーカーによって適切と感じるかどうかという点で意見が分かれる表現ではありますが，あるネイティブスピーカーによると，① は相手が何か親切なことをしてくれた後で，You are great for what you did or something of that nature.（君がやったこと，その内容がすばらしい）といった意味で使えるそうです。また，② は誰かのパフォーマンスに感激した人が，パフォーマンスの途中の休憩時間か直後に使える表現だそうです。いずれも，感動している，楽しんでいるなど **love というフレームの中にある意味のどれかが前景化された表現**と言えます。これらの表現については，それを受け入れる

人と受け入れない人がいることは事実ですが、いわゆる、スラング的な表現、若者言葉であっても、その使用のメカニズムは、説明が可能ということですね。つまり、認知的な動機付けに基づいた表現といえます。正しいとか間違っているということではなくて。

12.5. 現在形について補足 (発展)

最後に、現在形について、1点補足をしておきたいと思います。Langacker という認知言語学者は、現在形のイメージとして**発話に必要な時間と事態の展開に必要な時間が一致する**という特徴を挙げています。ここでは、この特徴について考えてみましょう。では、次の例文をみてみましょう。

(21) a. I know of him, but I don't know him.
 (彼の名前は聞いたことはあるけど、知りません)
 b. Maria speaks English and Spanish.
 (マリアは、英語とスペイン語を話します)
 c. I promise I won't let it happen again.
 (二度とこういうことがないように約束します)
 d. "I apologize." "Apologize accepted."
 (「謝罪します」「謝罪を受けました」)
 e. I appreciate your cooperation.
 (ご協力ありがとうございます)

(21a) では、動詞 know が用いられています。この動詞は、動詞自体に、安定感があり、始まりと終わりはなく、継続するイメージがあります。この動詞が、現在形で用いられると、発話時にピックアップされた事態は、均質な事態全体のサンプリングと

言えますので，発話に必要な時間とサンプリングされた事態の展開に必要な時間は一致していると考えられます。話がずれますが，know と know of の意味の違いもわかりましたか？ know の後ろに直接 him が置かれれば，know の力が him に及んでいますので，彼に実際に会って，知っているという意味になるのに対し，of が入るとワンクッション置かれ，名前を聞いたことがある，知識として知っているくらいの意味になります（6.3節参照）。

(21b) では，speak という動詞が用いられています。この動詞自体は，始まりと終わりがある事態を表しますが，現在形という形で用いられれば，その形との相互作用から，形に合うような解釈がされます。単体としての行為には，始まりと終わりがあっても，それらが習慣的にくり返して行われれば，全体としては均質で，安定感が感じられます。つまり，習慣的に，英語とスペイン語を話すと捉えれば，(21a) と同様に安定感があり，始まりと終わりは意識されない事態と捉えられますので，発話に必要な時間とサンプリングされた事態の展開に必要な時間は一致していると考えられます。たとえて言うと，金太郎飴のイメージですね。

(21c–e) は，promise「約束します」，apologize「謝罪します」，appreciate「感謝します」といった行為を表します。これらの行為は，発話行為そのものが，約束や謝罪をする行為となっていますので，発話に必要な時間と事態の展開に必要な時間は一致していると考えられます。また，約束・謝罪・感謝といった発話行為をする人は，それらの気持ちに一体感・安定感を持っていると考えられます。この点からも現在形のイメージと一致していますね。ちなみに，(21e) の appreciate に関連しては，次の三つの言い方ができますが，違いがわかりますか？

(22) a. I appreciate your help.
　　b. I'll appreciate your help.
　　c. I'd appreciate your help.

(22a) は，相手に何かをしてもらった時に，「感謝します」と言う場合に使います。発話行為と発話に必要な時間は一致していますね。(22b) は，これから何かをしてくれることが確実な時に，「感謝します」という場合に使います。your help がまだ行われていないので will が用いられていますが，この状況で (22a) を用いることもできます。(22c) は相手に何かを頼んで，まだ，やってくれるかどうかはわからない状況で，「(やっていただければ) とてもありがたいのですが」という気持ちで使います。まだ引き受けてもらえるかどうかどうかわからないので，距離感を表す過去形 (would) が用いられています。

　その他，料理番組の実演や，スポーツの実況中継，過去の話を生き生きと語るナラティブでも現在形が使われますが，これらは，発話者が，事態の展開をコントロールしながら話せるので，発話に必要な時間と事態の展開に必要な時間は一致するわけです。ナラティブでは，発話者の話に合わせて，聞き手は頭の中でイメージを展開させていきますね。また，コントロールしながら話せるということは，一体感・安定感も感じられますね。

第 13 章

形と意味 II（並置）
——二つの要素が並んでいるということの意味は？——

13.1. 並置の基本

ここでは二つ要素が並んで置かれている場合の意味を考えてみよう。**ある形はある意味を持つ**ということをお話ししましたが，この特質は，語のレベルだけでなく，語よりも大きな単位にも当てはまると考えられます。この章では，二つの要素が並べて置かれた形——(X・Y) という形——が持つ意味を認識することで，英語学習に役立てていきたいと思います。二つの要素が並べて置かれた形，(X・Y) を並置 (juxtaposition) と呼びますが，基本的なものを具体例でみてみましょう。

(1) You *okay*?（大丈夫？）
(2) Mr. Washington, *a regular customer at the Crossroads Café*, called me this morning.
（ワシントンさんは，クロスローズカフェの常連客ですが，彼から今朝，私に電話がありました）

(1) は会話表現で，完全な文で言うと，次のようになります。

(1′)　Are you okay?

X と Y が並んでいたら，そこには，X BE Y と be 動詞でつながれる関係が成り立つのです。(2) も同じですね。

(2′)　Mr. Washington is a regular customer at the Crossroads Café.

という関係が成り立っていますね。

ドラマの中からの表現も一つみてみましょう。次は，*Miami 7* というドラマの中で出てきた会話の一部ですが，ここでも並置が用いられています。

(3)　A:　I was in a band myself once.
　　　B:　Oh, really?
　　　A:　Yeah. Full thrash metal — <u>you</u> *into it*?
　　　B:　No, not really.
　　（A: 僕も以前，バンドのメンバーだったことがあるよ。B: そうなんだ。A: うん。ヘビメタだよ。興味ある？ B: それほどでも。）

You into it? というのは，Are you into it? (= Are you interested in it? / Are you crazy about it?) のことですね。日本語で言う「はまってる？」といった感じです。

13.2. X BE Y の意味になる並置

上で紹介した並置の基本形が，動詞の後続要素として現れ，V + (X・Y) という形になることが英語ではよく見られますが，このタイプの並置を理解することは非常に汎用性があります。なぜ

なら，これまで多くの別々の構文として習ってきたことが，この並置という概念で一つにまとめられるのです。では，具体例でみてみましょう。

(4) a. **I saw** Jack *angry*.
  b. **I saw** Jack *in the convenience store*.
  c. **I saw** Jack *studying in the library*.
  d. **I saw** Jack *attacked by a dog*.
  e. **I saw** Jack *leave just a few minutes ago*.

(4a) では，Jack is angry. という関係が成り立っています。つまり，「Jack が怒っている（という状況）を見た」ということになります。

(4b) では，Jack is in the convenience store. という関係が成り立っていますね。つまり，「Jack がコンビニにいる（という状況）を見た」ということになります。これは，「Jack をコンビニで見た」ではないのかと反論があるかもしれませんが，これは日本語訳の問題であってどちらでもいいことです。英語の表す内容は，saw の対象が [Jack is in the convenience store] という状況だと言っているにすぎないのです。

(4c) はどうでしょうか？ これも同様に考えればいいですね。これは，知覚構文と呼ばれ，see 人 V-ing のように教えられますが，これも並置の一つの例に過ぎないのです。つまり，saw の対象が [Jack is studying in the library.] だと述べているだけですね。「Jack が図書館で勉強しているのを見た」という意味になります。ちなみに，**V-ing は始まりと終わりが意識されたことの途中**を表す形です。

(4d) はいかがでしょうか？ これも知覚構文と呼ばれ，see 人 V-en と教えられますが，これも並置の一つの例に過ぎないので

す。saw の対象が [Jack was attacked by a dog.] だと述べているだけですね。つまり,「Jack が犬に襲われるのを見た」という意味です。**V-en は行為の受け手側にあることを表す形**です。

(4e) はどうでしょうか？ これも知覚構文と呼ばれ, see 人 + 動詞の原形と教えられますが, これも並置の一つの例に過ぎないのです。つまり, saw の対象が [Jack left just a few minutes ago.] (Jack がちょっと前に出て行った) ことだと述べているだけですね。動詞の原形は, **事態の初めから終わりまでといった一区切り**を概念として表します。

では, ここで, いくつか練習問題を考えてみましょう。

|練習問題| 次の語句を並べかえて英文を完成させましょう。

(5) I (chair / comfortable / found / this).
(6) I (him / in the XYZ mart / saw / shoplifting).
(7) Sorry (have / kept / to / you / waiting).
(8) I (bag / had / my / stolen).
(9) I (a friend / have / outside / waiting).
(10) His (behavior / embarrassed / made / me).
(11) My boyfriend (at a restaurant / doesn't / like / me / part-time / working).

さて, いかがでしたか？ 解答は, 次のようになります。並置に注目して, 確認してみましょう。

(5′) I **found** [this chair *comfortable*].
(この椅子が座り心地がよいと思った)
★ found の対象が [this chair **is** comfortable] という状況ということですね。

(6′) I **saw** [him shoplifting in the XYZ mart].

(彼が，XYZ マートで万引きしているのを見た)

★ saw の対象が [he **is** shoplifting in the XYZ mart] という状況ということですね。

(7′) Sorry to have **kept** [you *waiting*].

(待たせてごめんね)

★ keep した対象が [you **are** waiting] という状況ということは，「待たせてごめんね」ということになります。

(8′) I **had** [my bag *stolen*].

(鞄を盗まれた)

★ had した対象が [my bag **was** stolen] という状況。つまり，「かばんを盗まれた」んですね。

(9′) I **have** [a friend *waiting outside*].

(友達を外で待たせてる)

★ have している対象が [a friend **is** waiting outside] という状況，つまり，「友達を外で待たせている」んですね。

(10′) His behavior **made** [me *embarrassed*].

(彼の行動には恥をかかされた)

★ 彼の行動が [I **am** embarrassed] という状況を作り出した。私は恥ずかしい思いをさせられた。つまり，行為の受け手側にあるので embarrassed となっています。

(11′) My boyfriend doesn't **like** [me *working* part-time at a restaurant].

(私の彼氏は，私がレストランでアルバイトするのを好まない)

★ 私の彼氏が好まない状況が，[I **am** working part-time at a restaurant] ということですね。ところで，

この文が，My boyfriend doesn't like *working* part-time at a restaurant. のように，working の前の me がなくなると意味がどう変わるかわかりますか？ この場合は，working part-time at a restaurant という行為をするのが彼自身になります。つまり，「私の彼氏は，レストランでアルバイトするのが好きでない」という内容を表します。

コラム 並置関連表現の意味の違い

次の (a)-(c) の意味の違いがわかりますか？

(a) I found this book informative.
(b) I found this book **to be** informative.
(c) I found that this book **is** informative.

(a) は this book informative と並置の形になっています。この形は，**直感的**に「この本は有益だと思った」というイメージです。(b) は，to be が入っていますので，to の「ある場所や行為に向かいそこに到達する」イメージから，**少し考えた結果**「この本は有益だ」という**判断に至ったイメージ**があります。(c) は I found … の後に，文の形が続いており，その文の動詞 (is) が時制を持っていますので，**事実**を表します。一つの解釈としては，この本が有益なのは皆が認めていることだけど，そのことがわかったというイメージになります。つまり，(a)，(b)，(c) の順に，だんだんと主観性が下がっていくイメージです。

関連して，次の (d) と (e) のニュアンスの違いがわかりますか？

(d) Shelly seems a very organized person.
(e) Shelly seems to be a very organized person.

どちらも「シェリーはとてもきちょうめんな人のようだ」という内容を表しますが，(e) では to be が入っていますね。先ほどの例と同様に考えて，(d) のほうがより直感的であるのに対し，(e) はある程度考えた結果の判断という微妙なニュアンスの違いがあります（池上 (1991: 59, 2006: 73)，Lakoff (1980: 130)，大西 (2010: 講演会) 参照）。

クイズ 次の二つの文の意味の違いがわかりますか？
(12) a. I heard someone scream.
b. I heard (that) someone screamed.

(12a) は，[someone *scream*] と並置になっていますので，誰かが叫ぶという状況を直接耳にしたという内容を表します。(12b) は，(that) someone screamed と that の後に，文の形がきています。ここでは過去形になっていますので，過去に起こったことを表しますね。誰かが叫んだということを情報として別の誰かから聞いたという内容になります。パラフレーズすれば，I heard the information that someone screamed from someone else. といった感じです。

13.3. X HAVE Y の意味になる並置

これまで，X と Y が並んでいたら，X BE Y と be 動詞でつなげられる意味関係が成り立つ並置をみてきましたが，残念ながら，すべての並置に X be Y の意味関係があるのではな

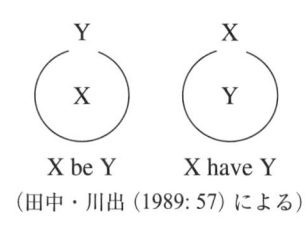

X be Y   X have Y
（田中・川出 (1989: 57) による）

く，X have Y という意味関係になる場合もあるのです。しかし，X be Y と X have Y というのは全く無関係な意味関係ではないのです。田中・川出 (1989: 57) でもイメージが示されていますが，上の図のように，包含関係が逆になるだけです。よって，並置のスキーマはより抽象レベルでは二つの要素が隣同士にある関係であり，そこから包含関係の意味も見えてくると考えてもよいかもしれませんね。

(13) 並置 (X・Y) の意味
二つの要素 X と Y が並んでいたら，そこには，X⊃Y (X HAVE Y) または，X⊂Y (X BE Y) のいずれかの包含関係が成り立つ。つまり，次の二つの関係のいずれかがあると考えるとわかりやすい。
X・Y ⇒ ① X BE Y　　② X HAVE Y

では，X HAVE Y の関係が成り立つ並置の具体例をみていきましょう。第2章でも同様のお話をしましたが，ここでは並置と関連して，再度述べたいと思います。

(14) I **bought** Shelly *this key ring*.

(14) では，Shelly と this key ring に並置の関係が成り立っていますね。したがって，buy という行為の結果，[Shelly has this key ring] という関係が成り立つと考えられます。(14) の書き換えとして習う次の文と比較してみると，このことがはっきりします。では，クイズ で考えてみましょう (2.3節および6.9節も参照)。

クイズ 次の (a), (b) のうち, どちらが適切だと思いますか？また, その理由はわかりますか？

(15) a. I bought this key ring for Shelly, but I decided to keep it.
   b. I bought Shelly this key ring, but I decided to keep it.
   (足立 (2010: 91) 参照)

適切なのは, (15a) です。なぜならば, (15b) では, [Shelly this key ring] という並置から, [Shelly has this key ring] ということが含意されますので, 前半では買ったキーホルダーが Shelly のものとなったという意味を表し, 後半では私が持っていることにしたという内容を表すので, 前半と後半で論理的に矛盾します。一方, (15a) の文では, **for のスキーマが単に「目的の場所に向かうイメージ」**(p. 110 参照) を表し, 到達は含意されないので, this key ring が Shelly のために購入されたという意味を表すことになりますから, それを Shelly にあげないこともあり得るわけですね。では, 他の例も並置に X have Y の関係がある点に焦点を当てて, 簡単にみてみましょう。

(16) She always **gives** me *a headache*.

彼女がいつも [I have a headache] という状況を give するということですね。つまり, 彼女にはいつも悩ませられるといった感じです。ちなみに, 次の文が不自然となるのはなぜかわかりますか？

(17) *She always gives a headache **to** me.

頭痛は, 彼女から私に移動するわけではないので, この形は使えません。

(18) I'll **buy** you *a drink*.

「飲み物をおごるよ」ということですが，相手がその飲み物を飲むので，[you have a drink] という関係が成り立ちますね。

(19) John **promised** Mary *a new car*.

これは，少々，拡張事例になりますが，将来 [Mary has a new car] という関係が成り立つことを promise したわけです。

(20) I **owe** you *600 yen* for the lunch.

これも拡張事例です。owe は「相手に何かを負う，借りを作る」という意味ですが，借りがあれば，普通は返さなければならないと感じますよね。それ故，owe は言い換えると，have to pay back「返さなければならない」ということですから，結果として [you have 600 yen] という関係，つまり，相手が 600 円を受け取ることになりますね。

関連してですが，owe にはよく使われる表現として，次の (21a-d) のような表現もあります。

(21) a. How much do I **owe** you?
　　 b. I **owe** you one.
　　 c. I **owe** you an apology.
　　 d. I **owe** you an explanation.

(21a) はいくらですか？(How much is it?) の丁寧な言い方ですが，これも結果として，相手が代金を have しますね。支払いをするときに用いられます。

(21b) は「一つ借りができたよ」という意味で，Thank you. のバリエーションの一つですが，これも相手に借り (one = a favor「親切な行為」) を返せば，相手が結果として a favor を

have することになりますね。将来所有する権利を have していると考えてもいいでしょう。

(21c) は I have to apologize to you. のことで,つまり,謝罪することを借りているわけですから,謝らなければならないということです。

(21d) は I have to give you an explanation. のことで,説明することをまだ行っていない(借りている)ので,説明しなければならないという意味になります。いずれも,相手が謝罪や,説明を受け取るという意味で have するわけです。

最後に,さらなる拡張事例と考えられます,動詞の save と spare について考えてみましょう。カテゴリー化を思い出してください。鳥でいえば,ペンギンみたいなものです。

(22) a. A direct flight will **save** you *several hours*, though it's more expensive.
b. Hiring a tax account will **save** you *a lot of time and trouble*.

save [X Y] の場合も,何かをどこかから取ることで,結果として X が Y にかかわる恩恵を受けるという意味で,X have Y の関係が成り立っていると考えられますね。(22a) では,直行便に乗れば,数時間時間が稼げるわけですし,(22b) では,会計士を雇えば,時間と手間が省けますので,いずれも,恩恵を have していると考えられます。

(23) a. Could you **spare** me a few minutes?
b. You can **spare** me the details. Just give me the big picture.

spare のスキーマは,「何かをどこかから取っておく」という感

じですが，どこから取っておくかの捉え方が，文脈によって変わるため，解釈がダイナミックになるのです。つまり，spare [X Y] では，結果として X が何らかの恩恵を受ける意味が全体としては出てくると考えられます。恩恵を受ける意味になるように，X have Y の状況を作り出すように spare するのか，作り出さないように spare するのかが，文脈情報との相互作用で決まるとも考えられるのではないかと思われます。(23a) では，me a few minutes という並置は，[I have a few minutes] という状況を作り出すようにあなたの時間を spare してくれますか？という解釈ですので，「少しお時間いただけますか？」という意味になります。相手に自分のために（相手の時間を）数分を取ってほしいと言っていますので，結果として，自分が数分を have しますね。一方，(23b) では，me the details という並置は，[I have the details] という状況を作り出すことを spare する（省いて）という解釈ですので，「細かいことはいいから，話の全体像を教えて」という意味を表します。しかし，細かい点を聞くということを have しないことで，時間の節約という恩恵を have しているとも考えられますね。

　最後に クイズ を考えてみましょう。

クイズ　次の文が表す内容がわかりますか？
　(24)　I'll stand you lunch.

これまで紹介してきた考え方から，次のように考えてみてはいかがでしょうか？ you lunch の部分は，並置ですから，[you have lunch] という状況を stand する。つまり，相手が昼食を取ることを支えて立つので，I'll buy you lunch.（昼食をおごるよ）という意味になります。

13.4. with＋X・Y の並置

前置詞 with の後に，X・Y と並置が続く場合がありますが，これも事情は同じです。X be Y の関係を考えてください。次の例文で確認してみましょう。

(25) I can't feel relaxed **with** you *monitoring everything I'm doing*!
（君にやることすべてを監視されていては，落ち着かないよ）

★ [you are monitoring everything I'm doing] という状況にあっては，落ち着けないということですね。

(26) **With** Shelly *gone*, things aren't quite the same.
（シェリーがいないので，状況は全く同じというわけにはいかない）

★ [Shelly is gone] という状況にあってはということですね。

(27) Do you think it's okay for students to attend class **with** their caps *on*?
（学生が授業中に帽子をかぶるのは良いと思いますか？）

★ caps on は言語の経済性から，言わなくてもわかる部分が省略されたと考えます。帽子が最も自然に置かれる場所は，頭ですから，their heads は言語化されないと考えればいいですね。つまり，[caps are on their heads] の状態で，授業に出席するということです。

コラム　put on ってイディオム？

皆さんの多くは，put on をイディオムと習ったかと思いますが，この表現は，例文 (27) の with their caps on と同様に，He put his cap on his head. の his head が，言語化されていないに過ぎないのです。帽子を頭以外の場所に置くなら，次の (a) のように，帽子の置かれる場所が言語化されるわけですが，頭に置く場合は，最も帽子が置かれる場所として予測されるので，推測できることは言語化しないという**言語の経済性の原理**から言語化されていないわけです。よって，例文 (c) のように表現され，(b) のようには言わないのです。

(a)　He **put** his cap *on the sofa*.
　　　（彼は帽子をソファの上に置いた）
(b)　He **put** his cap *on his head*.
(c)　He **put** his cap *on*. / He **put** *on* his cap.

ちなみに，帽子を脱ぐ場合は，He took off his cap. / He took his cap off. と表現しますが，これも，He took his cap off (his head). と his head が言語化されていないのです。もしも，帽子が his head 以外のところにある場合，たとえば，私が彼の帽子をかぶっている状況なら，He took his cap off my head. と my head は言語化する必要が出てくるわけです。情報として必要なことは，言語化しなければなりません。

13.5. X BE Y か X HAVE Y かはどうやって決まる？

2.3 節でも述べましたが，X-Y と二つの要素が並んでいる場合

に, その意味が X BE Y か, X HAVE Y かはどうやって決まるかについて考えてみましょう。これは,「英文法の基盤にある認知能力」の一つ, 参照点能力と関連があります。

　言語コミュニケーションにおいては, 言語表現は参照点と捉えられます。つまり, 話し手が意図することは言語表現という参照点（手掛かり）として与えられ, 聞き手はその参照点を手がかりとして, 語彙・文法知識, 背景知識, 文脈情報などに基づいて推論を行うことで, 話し手が意図するターゲット（メッセージ）に辿り着くのです。それ故に, 言語にはあいまい性があるともいえます。

　つまり, 文脈情報, 背景知識などを手がかりに, X BE Y か X HAVE Y かの意味を決めるということです。具体例で考えてみましょう。

(28)　I'll make you a hat.

(28) では, 二つの意味解釈が可能ですね。普通は [you HAVE a hat] という関係で解釈し,「帽子を作ってあげるよ」という意味になりますが, [you are a hat] という関係での解釈は, 魔法使いか誰かの発話なら「お前を帽子にするぞ」ということも可能ですね。どちらの意味に解釈されるかは, どのような状況で発話されるかで決まります。

　では, 次の例はどうでしょうか？

(29)　I'll make you coffee.
(30)　I'll make you happy.

(29) では, [you have coffee], (30) では, [you are happy] という状況を make するということになりますよね。「コーヒーを入れてあげるよ」という場合は, 相手が, coffee を have するの

に対し,「幸せにするよ」という場合は,相手が happy な状態になるわけですから,You are happy. となりますね。

このように,並置であれば,その意味解釈の可能性としては,be 関係と have 関係の二つがあり,どちらの意味になるかは,発話の文脈や世界に関する知識によって決められるということなのです。

最後に クイズ を考えてみましょう。

クイズ 次の文が表す内容がわかりますか?
 (31) a. I'll drive you home.
    b. Bob sneezed the bill off the table.

(31a) では,[you are home] という状況を drive して作り出すので,「家まで車で送ってあげるよ」という内容になります。(31b) では,ボブがくしゃみをした結果,[the bill is off the table] という状態になりますので,「ボブがくしゃみをして伝票が机から落ちた」となります。では,二つほど (31) を応用して英語で言ってみましょう。次の場合,英語でどのように表現しますか?

 (32) a. 友達を家まで一緒に歩いて送っていってあげる場合
    b. 学校などで,閉門ぎりぎりまで校舎内にいて,電気を消されてしまったときに,守衛さんが外まで一緒に案内しますと言う場合

いかがでしょうか? (32a) は,I'll walk you home. と言えばいいですね。(32b) は,I'll walk you out. となります。

第 14 章

形と意味 III（倒置）

14.1. 倒置形のイメージは？

皆さんは次の二つの文の意味の違いを知っていますか？ 訳では，意味の区別ができないのではないでしょうか？

(1) a.　I'm glad you are here.
　　b.　Am I glad you are here!

(1a) と (1b) では，語順が違いますね。(1a) はよく見かける語順ですが，(1b) では，I am が Am I と順序が入れ替わっています。つまり，倒置ですね。語順の違いも形の違いの一つと言えますので，ここにも形が違えば，意味が異なるという原則が成り立ちます。では，倒置形のスキーマは何かということになりますが，それは，**感情の高まり**です（大西 (2006)）。驚いたり，感動したり，腹が立ったり，何かを知りたいと思ったりすると感情が高まります。このような感情の高まりを表すのが倒置という形です。では，ここで (1a, b) の例文の意味の違いを考えてみましょう。(1b) のほうが，相手が来てくれたことに対して，喜びの感情を強く表現した形になっていますね。もちろん，倒置形である

かどうかだけでなく，どのような言い方をするかも重要な要素ですが。

14.2. 倒置を用いた表現のいろいろ

ここでは，倒置を用いた表現をいくつかみてみましょう。

(2) **Can't you** fix it?

これは，You can't fix it. が倒置形になっていますので，「直せないのか!?」と感情が高まった表現と言えます。たとえば，修理人のように当然修理ができて当たり前と期待されている人が，修理ができなかったような場面で用いられます。

(3) **Never have I** met such a generous person like her.

これは，皆さんが，高校の英文法で最後のほうで学習した内容だと思います。I have never met such a generous person like her. の倒置形ですので，やはり，感情が高まって発言される表現と言えます。ここでは，彼女のように心が広い人に会ったことがないということを，感情を込めて表現していますね。

(4) **Little did I** dream that I would see her again!

これは，I never dreamed that I would see her again! の倒置形ですので，やはり，感情が高まった表現です。「彼女にもう一度会えるなんて，夢にもみなかった」と驚きと喜びで高まった感情が倒置形によって表現されていますね。Never did I dream that I would see her again! とも表現することができますが，little に着目してみましょう。興味深い点は，*I little dreamed that ... と倒置されてない形では，little は用いられない点です。

つまり、倒置形は感情が高まる形ということは強調されるということになりますので、little の意味が強調されて never になるので倒置形では否定語として用いられると考えられます。

また、疑問文では倒置形が用いられますが、その理由はわかりますか？ そうですね。知りたいという感情の高まりを表す形と考えられますね。

(5) a. You can ski?
  b. Can you ski?

(5b) のように倒置形を用いるほうが、(5a) のように文末を上げ調子で発音するだけの疑問文よりも、知りたいという気持ちが強く表れているといえます。

さらに、次のような場合にも倒置が用いられますが、どのような感覚かわかりますか？

(6) Not only did Rosa cook, she managed, she took charge.

これは、*Crossroads Café* というドラマの中で使われている発話ですが、シェフのロサが、他のスタッフがいないランチタイムを一人で乗り切ったことを常連客の Jess が店主の Brashov さんに伝えている場面ですが、「料理だけでなく、全体の統括も、会計もやってのけた」と驚きの気持ちを興奮して伝えているために、倒置形が用いられていることがわかりますね。

最後に、次の例はいかがでしょうか？ これらの例にも、感情の高まりを感じ取ってみましょう。

(7) a. "I'm from Okinawa." **"So am I."**
  b. "That man never stops smoking. I can't stand

him." "**Neither can I**."

(7a) では,「沖縄出身だよ」という発話に対し,「私も！」と感動して答えていますね。Me too. や I am from Okinawa, too. と答えるよりも,感情が高まった表現といえます。

(7b) では,「あの人,ずっとタバコ吸ってるよ。もう限界だ！」という発話に対し,「ほんと我慢できないよ！」と同意していますね。I can't stand him, either. というよりも感情が高まった表現です。なお,So は肯定文を受けて,Neither は否定文を受けて同意するときに用いられますね。

参 考 文 献

本書を執筆するにあたっては,多くの書籍から直接または間接的に影響を受けた面があると思います.影響を受けたと思われる書籍を参考文献の形で,ここに列挙致します.

阿部 一 (1998)『ダイナミック英文法』研究社出版,東京.
足立公也 (2010)「二重目的語構文」『学校文法の語らなかった英語構文』足立公也・都築雅子(編), 87-98, 勁草書房, 東京.
安藤 進 (2003)『Google に聞け! 英語の疑問を瞬時に解決』丸善, 東京.
Bolinger, D. (1977) *Meaning and Form*, Longman, London and New York.
Fillmore, C. J. (1982) "Frame Semantics," *Linguistics in the Morning Calm*, ed. by the Linguistics Society of Korea, Hanshin Publishing, Seoul.
藤掛庄市 (1980)『変革の英語教育』学文社, 東京.
藤掛庄市 (2008) *Vocabulary & Syntax Series* (*Adjective, Verb, Preposition, Noun Phrase*), S. F. Learning Systems, Aichi.
Goldberg, A. E. (1995) *Constructions: A Construction Approach to Argument Structure*, University of Chicago Press, Chicago.
池上嘉彦 (1991)『英文法を考える』(ちくまライブラリー 56), 筑摩書房, 東京.
池上嘉彦 (2006)『英語の感覚・日本語の感覚』NHK 出版, 東京.
今井隆夫 (1997)「英文「読解」に必強な 3 つの要素──高校・大学(教養レベル)の場合」『小学校から大学まで英語の授業実践』諏訪部真・望月昭彦・白畑知彦(編著), 274-284, 大修館書店, 東京.
Imai, T. (2001) "A Suggestion on How to Teach English Grammar (1) ─ Tense in Subordinate Clauses of Time or Condition,"『中部地区英語教育学会紀要』第 31 号, 201-208.

Imai, T. (2002) "A Suggestion on How to Teach English Grammar (2) — How to Teach Tense in Relation to Aspect and Modality,"『中部地区英語教育学会紀要』第32号, 79-86.

Imai, T. (2003) "A Suggestion on How to Teach English Grammar (3) — How to Teach Patterns of Verbs in English,"『中部地区英語教育学会紀要』第33号, 303-310.

Imai, T. (2005) "A Suggestion on How to Learn Vocabulary from the Viewpoint of Cognitive Linguistics," *Claritas Vol. 19*, 1-13, 愛知教育大学英語英文学会.

今井隆夫 (2006)「認知的スタンスから多義語学習を考える」*Claritas Vol. 20*, 12-24, 愛知教育大学英語英文学会.

Imai, T. (2006) "A Study of Typical Errors Made by Japanese Learners of English from the Viewpoint of Cognitive Motivation,"『中部地区英語教育学会紀要』第36号, 301-308.

Imai, T. (2007) "A Reconsideration of How to Teach Count Nouns and Mass Nouns, from the Viewpoint of Cognitive Linguistics,"『中部地区英語教育学会紀要』第37号, 137-144.

Imai, T. (2007) "The Effects of Cognitive Awareness on Learning Less Transparent Idioms in English,"『瀬木学園紀要』第1号, 25-33.

Imai, T. (2008) "A Theoretical Consideration of Fundamental Cognitive Abilities Underlying English Grammar for Communication," *Claritas Vol. 21*, 3-22, 愛知教育大学英語英文学会.

Imai, T. (2008) "A Reconsideration of How to Teach Tense and Aspect from the Viewpoints of Cognitive Grammar,"『瀬木学園紀要』第2号, 23-31.

今井隆夫 (2009)「学校文法における可算/不可算名詞及び動作/状態動詞の教え方を認知文法の考え方を参照して検討する」『瀬木学園紀要』第3号, 25-44.

Imai, T. (2010) "A Consideration of How to Teach Peripheral Examples of be + V-ing from the Viewpoint of Cognitive Grammar,"『瀬木学園紀要』第4号, 5-13.

Jackendoff, R. S. (1972) *Semantic Interpretation in Generative*

Grammar, MIT Press, Cambridge, MA and London.

Lakoff, G. (1987) *Women, Fire and Dangerous Things: What Categories Reveal about the Mind*, University of Chicago Press, Chicago.

Lakoff, G. and M. Johnson (1980) *Metaphors We Live By*, University of Chicago Press, Chicago.

Langacker, R. W. (2002) *Concept, Image, and Symbol: The Cognitive Basis of Grammar*, Mouton de Gruyter, Berlin and New York.

Langacker, R. W. (2008) *Cognitive Grammar: A Basic Introduction*, Oxford University Press, Oxford.

Lee, D. (2001) *Cognitive Linguistics: An Introduction*, Oxford University Press, Oxford.

Littlemore, J. (2009) *Applying Cognitive Linguistics to Second Language Learning and Teaching*, Routledge, New York.

河上誓作 (1996)『認知言語学の基礎』研究社出版, 東京.

久野暲・高見健一 (2009)『謎解きの英文法――単数か複数か』くろしお出版, 東京.

松村瑞子 (1996)『日英語の時制と相――意味・語用論的観点から』開文社, 東京.

松本 曜(編) (2003)『シリーズ認知言語学入門3: 認知意味論』大修館書店, 東京.

宮浦国江(訳) (2006)『実例で学ぶ認知言語学』大修館書店, 東京.

籾山洋介 (2002)『認知意味論のしくみ』研究社, 東京.

大西泰斗・ポール・マクベイ (1995)『ネイティブスピーカーの英文法』研究社, 東京.

大西泰斗・ポール・マクベイ (1996)『ネイティブスピーカーの前置詞』研究社, 東京.

大西泰斗・ポール・マクベイ (1997)『ネイティブスピーカーの英語感覚』研究社, 東京.

大西泰斗・ポール・マクベイ (2003)『英文法をこわす』NHK出版, 東京.

大西泰斗・ポール・マクベイ (2005)『3ヵ月トピック英会話　ハートで感じる英文法』NHK出版, 東京.

大西泰斗・ポール・マクベイ (2006)『3ヵ月トピック英会話 ハートで感じる英文法 会話編』NHK出版, 東京.

大西泰斗 (2007)『NHK 3か月トピック英会話 ハートで感じる英語塾』NHK出版, 東京.

大森裕實 (2010)「There 構文」『学校文法の語らなかった英語構文』足立公也・都築雅子 (編), 3-24, 勁草書房, 東京.

ピーターセン, マーク (2010)『日本人が誤解する英語』光文社, 東京.

ピーターセン, マーク (1990)『続 日本人の英語』岩波書店, 東京.

Radden, G. and R. Dirven (2007) *Cognitive English Grammar*, John Benjamins, Amsterdam.

瀬戸賢一 (2007)『英語多義語ネットワーク辞典』小学館, 東京.

白井恭弘 (2004)『外国語学習に成功する人, しない人——第二言語習得論への招待』岩波書店, 東京.

白井恭弘 (2008)『外国語学習の科学——第二言語習得論とは何か』(岩波新書), 岩波書店, 東京.

田中茂範 (2006)『NHK テレビ 新感覚キーワードで英会話』NHK出版, 東京.

田中茂範・川出才記 (1989)『動詞がわかれば英語がわかる』The Japan Times, 東京.

田中茂範・佐藤芳明・阿部一 (2006)『英語感覚が身につく実践的指導——コアとチャンクの活用法』大修館書店, 東京.

田中茂範・武田修一・川出才紀 (編) (2003)『E ゲイト英和辞典』Benesse, 東京.

Taylor, J. (2002) *Cognitive Grammar*, Oxford University Press, New York.

遠山 顕 (1998)『英会話文法 Book 1』NHK出版, 東京.

遠山 顕 (2005)『英会話入門 4 月号』NHK出版, 東京.

山梨正明 (2000)『認知言語学原理』くろしお出版, 東京.

山梨正明 (2009)『認知構文論——文法のゲシュタルト性』大修館書店, 東京.

安武知子 (2007)『言語現象とことばのメカニズム：日英語対照研究への機能論的アプローチ』開拓社, 東京.

安武知子 (2009)『コミュニケーションの英語学——話し手と聞き手の談話の世界』開拓社, 東京.

索　　引

1. 日本語はあいうえお順で示し，英語で始まるものは ABC 順で最後に一括してある。
2. 数字はページ数を表す。

[あ行]

隠喩　56

[か行]

概念メタファー　53
拡張事例 (extension)　21
家族的類似性　187
過去　155
過去形のイメージ　137
過去分詞 (V-en 形) のイメージ　108, 153
仮定法　171
カテゴリー化の能力　20
完了相　145, 152
距離感　137, 165
経路焦点　87
原形のスキーマ　107, 142, 158, 165
言語能力　6
言語の経済性　206, 207
現在　154
現在形　181-191
現在形のスキーマ　183
現在進行形　1, 146-152, 181-191
現在進行形のスキーマ　183
コロケーション　12

[さ行]

サンプリング (sampling)　146
地 (ground)　6
シネクドキー (synecdoche)　61
終点焦点　87
周辺事例 (peripheral)　21
受動態（受け身）　94
進行相　145, 146-152
図 (figure)　6
スキーマ (schema)　68
スキミング (skimming)　146
図と地の分化・反転　6
潜在意識的な知識 (subconscious knowledge)　26
相 (aspect)　145

[た行]

ダイナミック（動的）　26
単純相　145, 146

知覚構文　196
直喩　56
提案・要求を表す動詞　158, 166
丁寧表現　171
動詞の完了用法（perfective）　180
動詞の原形のイメージ　158
動詞の未完了用法（imperfective）　180
倒置形のイメージ　210
動的用法基盤モデル（A dynamic usage-based model）　68
時・条件の副詞節　30

[な行]

認知言語学　6
認知的動機付けの特徴　67
認知能力　6

[は行]

背景知識　152, 161
発話行為　192
比喩　50, 53
「広い」を表す英語表現　11
プロトタイプ（prototype）　21, 149
「文法を学ぶ」と「文法について学ぶ」　15
文脈情報　152
並置（juxtaposition）　27, 103, 194
ボトムアップ（bottom up）　68

[ま行]

メタファー（metaphor）　56
メトニミー（metonymy）　58

[や行]

ユニット（unit）　69
予測（未来）　157

[英語]

a　114
about のスキーマ　24, 142
across　88
against のイメージ　98
almost　47
along　98
anything　34
appreciate　192, 193
ARGUMENT IS WAR.　53
around　90

baggage　133
be + V-ing 形　1, 145, 181-191
be about to　142
be about to と be going to　24
be going to + 行為　141
be going to + 場所　141
bear　54
be 動詞　18, 100
boring と bored の違い　102
bra はなぜ単数　134
by のイメージ　95

索　引　221

charge　80
coast と shore の違い　25
couldn't agree more など　175
cutlery　132

direction　44
discourage　112
down　89
drive you home　209
due　78

encourage　112
endure　54
ever　37

find X Y, find X to be Y, find that X is Y の違い　199
for のイメージ　110
friend　8
friendly fire　9
furniture　133

go fishing　2
go to bed と go to the bed　120
go to church と go to the church　120
go to school と go to the school　120
go to sea と go to the sea　120
google　63
granularity（精緻度の調整）　131

have　106
hear someone scream と hear that someone screamed　200

help 人 out の意味　172
high と tall　11
hit X と hit at X　99
hold　49
hoover　61

I'm loving it!　190
international　43

keep　49
Kleenex　61
knock　99
know と know of の違い　192

leave　79
Little did I …　211
look　96
look forward to V-ing　159

may　143
might　143
mind　42
miss　20
money　133
Ms X と a Ms X の違い　116
must　144

Never + 倒置　211
notice　82

off the market　51
over　72
owe　203

pants（複数）と T-shirt（単数） 133
past 90
pick up 75
pluto 51
prevent [keep / stop] X from V-ing 113
put on 13, 207
put up with 54

resemble と be resembling 187
resemble と take after 23
run 71, 97

save 204
see 96
seem X と seem to be X の違い 199
share 76
Shoot! 51
shot（＜shoot） 100
should 144
since 84
sneeze the bill of the table 209
so + 倒置 212
someone 35
something 35
some と any 33
spare 204

stand 54
take care of 9
take off 13, 207
tell [ask / get / enable] X to do 112
term 65
the 114
There is ～ の意味 117
This is the last straw. 54
through 48, 85
to do のイメージ 4
tolerate 54
to のイメージ 110

was + V-ing と had been V-ing の違い 156
wear 12
wiki 63
will be V-ing の意味 163
will do 140
will と be going to の違い 142, 162
with + X Y の並置 206
work 83

xerox 61

Yes と No 40

今井　隆夫（いまい　たかお）

　博士（教育学）。愛知教育大学大学院・静岡大学大学院共同教科開発学専攻（人文社会系教科科学）修了。愛知教育大学大学院教育学研究科修士課程（英語教育専攻）修了。南山大学外国語学部英米学科・同大学院人間文化研究科言語科学専攻教授。

　専門は，認知言語学と英語教育，言語コミュニケーション論。特に，認知文法を参照した学習英文法の設計と授業実践，および，言葉の曖昧性，コミュニケーションにおけるフレーム知識の重要性について研究しています。主な著書・論文に，IMAI, T (2016) "The Effects of Explicit Instruction of "Image English Grammar for Communication" on Tertiary English Classes," *Journal of Annual Review of English Language Education in Japan*, 27, 137-152,「有界性と均質性の概念から動詞の二つの用法を考察する――母語話者アンケートに基づく事例研究」『ことばとコミュニケーションのフォーラム』(2011年，開拓社)，『実例とイメージで学ぶ 感覚英文法語法講義』(2019年，開拓社)，「学習者の認知能力を活性化する過去形の有機的な指導法」白畑知彦・中川右也（編）『英語のしくみと教え方：こころ・ことば・学びの理論を基にして』(2020年，共著，くろしお出版) などがある。

イメージで捉える感覚英文法
――認知文法を参照した英語学習法――

〈開拓社
言語・文化選書 20〉

2010 年 10 月 16 日	第 1 版第 1 刷発行
2021 年 1 月 18 日	第 5 刷発行

著作者　　今井 隆夫
発行者　　武 村 哲 司
印刷所　　日之出印刷株式会社

発行所　　株式会社　開 拓 社

〒112-0013　東京都文京区音羽 1-22-16
電話　（03）5395-7101（代表）
振替　00160-8-39587
http://www.kaitakusha.co.jp

Ⓒ 2010 Takao Imai　　　　　　　　　　ISBN978-4-7589-2520-4　C1382

JCOPY ＜出版者著作権管理機構 委託出版物＞
本書の無断複製は著作権法上での例外を除き禁じられています。複製される場合は，そのつど事前に，出版者著作権管理機構（電話 03-5244-5088, FAX 03-5244-5089, e-mail: info@jcopy.or.jp）の許諾を得てください。